SingLiesel

Barbara Mikolajewski, Andrea Glahé

Marktbesuch und Kaffeeklatsch
Plaudergeschichten für die Kaffeetafel

*Bilder:* shutterstock
*Satz und Gestaltung:* Röser MEDIA GmbH & Co. KG, Karlsruhe
*Druck:* FINIDR, s.r.o.

Printed in Czech Republic

ISBN: 978-3-944360-68-3


www.singliesel.de

# Marktbesuch und Kaffeeklatsch

Plaudergeschichten für die Kaffeetafel

SingLiesel Verlag

# Inhalt

# Die Geschichten in diesem Buch erzählen von einer Familie:

**Oma Helga** ist Heinos herzensgute Gattin, sie ist eine patente Hausfrau und eine liebevolle Mutter und Großmutter. Sie hat ein Herz für Tiere und ist sehr naturverbunden.

**Opa Heino** ist Helgas lebenslustiger, humorvoller Ehemann. Er liebt seinen Garten, ist aber auch für Ausflüge und Angeltouren zu haben.

**Michael** ist der einzige Sohn von Helga und Heino. Mit seinem Auto spielt er sonntags gern den Chauffeur für die Familie. Er ist verheiratet mit **Claudia**, die für Helga und Heino eine sehr sympathische Schwiegertochter ist.

**Lisa** ist die aufgeweckte Enkelin von Helga und Heino. Sie ist fünf Jahre alt und der Sonnenschein der Familie. Ihre Großeltern besucht sie regelmäßig. Sie ist eine kleine Naturfreundin und spielt besonders gerne im Freien.

# Das Schlemmerfest

Es ist Januar, und endlich gibt es den ersten Frost. „Jetzt steht bald unser Grünkohlessen an!“, meint Heino mit einem Blick auf den Kalender. Helga und Heino sind zu einem traditionellen Grünkohlessen eingeladen. „Ich freue mich schon richtig auf dieses Schlemmerfest“, fügt Heino hinzu und reibt sich den Bauch.

Vierzehn Tage später treffen sich Helga und Heino mit ihren Freunden: Um die zwanzig Senioren haben sich zusammengefunden, um sich heute einen schönen Tag zu machen. Dem winterlichen Grünkohlessen geht, wie jedes Jahr, ein vergnüglicher Spaziergang durch die Natur voraus.

Ein Handwagen ist mit bunten Luftballons geschmückt und mit heißem Punsch und kleinen Überraschungen beladen worden. Sogar an die musikalische Begleitung ist gedacht: Aus dem Handwagen erklingt von einer Kassette Schlagermusik.

Nun marschiert die Gruppe los. Die Wintersonne sorgt trotz der Kälte für gute Laune, und alle sind fröhlich. Ihr Ziel ist der Gasthof, in dem die Gruppe ein Kohlessen bestellt hat. Unterwegs werden kleine Spiele gemacht. Heino gewinnt beim Teebeutel-Weitwerfen. Sie hören fröhliche alte Schlagermusik und singen kräftig mit: „Rosamunde, gib mir dein Herz und sag ja, Rosamunde, frag doch nicht erst die Mama …“

Zwischendurch gibt es als kleine Stärkung einen Becher heißen Punsch, der auch gut gegen die Kälte hilft.

Endlich erreicht die Gruppe den Gasthof. Hungrig und ein bisschen erschöpft von dem langen Spaziergang setzen sie sich an die reservierten Tische. Bald wird auch ihr Essen aufgetragen, es gibt deftigen Grünkohl mit Bratkartoffeln, Grützwurst und Kassler-Fleisch. Alle greifen tüchtig zu und lassen es sich schmecken. Es wird viel gelacht, und man ist bester Stimmung.

Unter großem Hallo wird dann das neue Königspaar ermittelt. Weil Helga und Heino am meisten Grünkohl, Fleisch und Wurst verdrücken konnten, werden sie zum Kohl-Königspaar ernannt! Jetzt bekommt jeder eine goldene Kette mit einer Medaille umgehängt und eine goldene Krone aufgesetzt.

„Einmal im Leben ein Königspaar sein, wie herrlich!“, freut sich Helga. Und Heino sagt ergriffen: „Liebe Untertanen, wir danken euch! Es hat vorzüglich geschmeckt! Und für den Heimweg darf der Wirt uns gern die Reste einpacken!“

## Die Einladung zur Taufe

Heute will die Familie gemeinsam zum Gottesdienst in eine Nachbargemeinde fahren. Dort ist man zur Kindtaufe von Helgas Großnichte eingeladen, der kleinen Klara.

Festlich herausgeputzt und bestens aufgelegt steigt die ganze Familie ins Auto. Nun geht es quer über die Dörfer, auf verträumten Landstraßen, die von vielen Bauernhöfen und Viehweiden gesäumt werden. So weit das Auge reicht, erstreckt sich die frisch begrünte Landschaft bis zum leuchtend blauen Horizont. Helga und Heino schauen voller Freude aus dem Wagenfenster. Ab und zu lassen sich die beiden ganz gern von Sohn Michael und Schwiegertochter Claudia durchs Land chauffieren. Das ist viel angenehmer, als selbst zu fahren. So bekommen sie doch mehr von der schönen Gegend mit! Jetzt im Frühling grünt und blüht alles, dass es eine Pracht ist!

„Schau mal, Helga, die schönen buntgefleckten Kühe mit ihren Kälbern!“, ruft Heino glücklich. „Und sieh nur, die hübsche alte Dorfschule mit dem Spielplatz!“, antwortet Helga vergnügt.

„Habt ihr den Dorfbrunnen gesehen? Früher gab es überall solche Brunnen!“, erinnert sich Heino. Er genießt die Fahrt und freut sich auf die Taufe und die geplante Familienfeier.

Plötzlich gibt es in voller Fahrt ein komisches Geräusch. Unter dem Auto beginnt es zu scheppern und zu klingeln, und der Krach hört gar nicht mehr auf. „Sind wir schon an der Kirche? Ich höre ja ganz laut die Glocken läuten!“, ruft Heino erstaunt und sieht sich nach der Kirche um. Aber außer Viehweiden mit neugierig glotzenden Rindviechern ist nichts zu sehen.

Nun hält Sohn Michael den Wagen an, steigt aus und schaut unter sein Auto. „Der Auspuff hängt runter, wir hätten ihn fast verloren!“, berichtet er und grinst. „Es war der Auspufftopf, der so laut geklingelt hat – nicht die Kirchenglocken! Wer hat mal etwas zum Festbinden?“, fragt er seine Familie. So kommt es, dass Heino seinen Gürtel aus der Hose zieht, und Sohn Michael damit den Auspuff festbinden kann.

Ohne Geklingel geht die Fahrt nun weiter, und sie kommen gerade noch rechtzeitig zum Gottesdienst.

Alle beeilen sich, noch einen guten Platz nah am Altar und am Taufbecken zu bekommen. Nur Heino setzt sich ganz allein in die letzte Bank, denn er hat ja keinen Gürtel mehr in der Hose und muss in der Kirche die ganze Zeit seine Hose festhalten!

# Der Orangenbaum

Mittwochs gehen Helga und Heino immer auf den Markt. Aber heute Morgen fühlt sich Helga nicht wohl. So muss Heino ohne seine Frau zum Markt fahren. Von dort soll er frische Kartoffeln und Eier mitbringen.

Auf dem Marktplatz ist viel los. Am großen Obststand betrachtet Heino die bunte Auswahl an frischem Gemüse, Kartoffeln und Früchten, an Blumen und Pflanzen. Besonders die prächtigen Orangen gefallen ihm. Dieser Duft! Und diese Farben! Heino liebt Orangen über alles.

„Was für eine Pracht", denkt Heino und bestaunt auch die kleinen Orangenbäumchen. Ob sich Helga, genau wie er, über so ein Orangenbäumchen freuen würde? Bestimmt – warum eigentlich nicht? So kauft sich Heino sein erstes kleines Orangenbäumchen. Dummerweise kann er nun keine Kartoffeln und Eier mehr einkaufen, denn mit dem Bäumchen hat er schon beide Hände voll.

Mit Mühe schleppt Heino das Bäumchen in Richtung Auto. Schon bald macht er schlapp und setzt sich erst einmal auf eine Bank. Dass so ein kleines Bäumchen so schwer sein kann! Und bis zum Auto ist es noch so weit! „Was hab ich mir bloß dabei gedacht? – Na ja, jetzt nützt kein Jammern mehr." Mit einem Ruck hebt er das Bäumchen wieder an und schafft es damit gerade bis zur nächsten Bank. Da kommt ein junger Mann auf ihn zu und fragt ihn freundlich: „Kann ich Ihnen tragen helfen?" Heino freut sich und nimmt das Angebot erleichtert an. Der junge Mann befördert das Bäumchen mühelos zum Parkplatz und direkt in

Heinos Auto. Manchmal wär ich auch gern ein paar Jährchen jünger, denkt Heino.

Erschöpft zu Hause angekommen, hebt er das Bäumchen aus dem Auto und stellt es im Vorgarten ab. Helga hat ihn bereits kommen sehen und öffnet ihm die Haustür. „Heino, was bringst du denn mit nach Hause?“, fragt sie überrascht.

„Das, liebe Helga, ist ein Orangenbäumchen. Ich hab es auf dem Markt gesehen, und ich dachte, statt Blumen bringe ich dir mal etwas anderes mit. So ein Bäumchen ist doch etwas ganz Besonderes. Nun können wir im Winter unsere eigenen Orangen ernten. Ist das nicht wunderbar?“ Heino ist begeistert. „Gott sei Dank hat mir ein netter junger Mann beim Tragen geholfen! – Aber leider konnte ich so weder Kartoffeln noch Eier mitbringen“, gesteht er seiner Helga zerknirscht.

Helga schmunzelt und antwortet: „Heino, das ist nicht so schlimm. Ich bin nur froh, dass es noch so hilfsbereite junge Menschen gibt. Die Jugend von heute ist gar nicht so schlecht, wie manche Leute es behaupten!“

## Der Frühjahrsputz

Der Februar ist fast zu Ende. An vielen Stellen liegt noch Schnee, doch die zarten Schneeglöckchen bohren sich schon vorwitzig durch Schnee und Eis. Es sind die ersten Blumen in Helgas Garten, die ersten Frühlingsboten.

Helga schaut sich durch das Stubenfenster die schneeweißen Blüten an. Die Sonne blinzelt durch das schmutzige Fenster, und Helga runzelt die Stirn. Bis Ostern möchte sie ihren jährlichen Frühjahrsputz erledigen. Heino kommt in die Küche und sieht Helgas nachdenkliches Gesicht. „Na, mein Schatz, ist dir eine Laus über die Leber gelaufen?“

„Das könnte man schon so sagen“, antwortet Helga. „Der Frühjahrsputz steht an, und du weißt: Das ist nicht lustig!“

„Es ist doch alles sauber, das kann doch nicht so lange dauern“, antwortet Heino unwissend, und pfeifend verlässt er wieder die Küche.

Montag in aller Frühe fängt Helga sofort mit dem Reinemachen in der Küche an. Der Küchenboden soll besonders schön glänzen. Kniend schrubbt Helga den Boden. Beim Aufstehen schießt ihr plötzlich ein Schmerz in den Rücken. „Heino, Heino!“, ruft Helga laut und hält die Hand auf ihren gekrümmten Rücken. Mit viel Mühe schleppt sie sich auf einen Stuhl. Heino kommt aufgeregt in die Küche. „Helga, was ist dir passiert?“ „Ich weiß nicht“, sagt Helga, „aber ich glaube, ich habe einen Hexenschuss.“

Heino macht im Ofen das Körnerkissen heiß und schiebt es zwischen Helgas Rücken und die Stuhllehne. „Ach, das tut gut!", seufzt Helga. „Aber wie soll ich jetzt weiterputzen? Gerade jetzt!", ärgert sie sich. „Weißt du, Helga, ich werde jetzt im Wohnzimmer putzen, und du ruhst dich aus." Helga bleibt gar nichts anderes übrig, denn jede Bewegung ist eine Qual.

Am Nachmittag kommt Heino erschöpft in die Küche. „Ist das anstrengend! Da hab ich mich wirklich getäuscht." „Ja, Heino, Putzen ist viel Arbeit. Aber falls wir es bis Ostern nicht schaffen, ist es doch auch mal nicht schlimm, oder?"

„Nein, Helga, es muss nicht immer alles perfekt sein. Und es heißt schließlich ‚Frühjahrsputz'. Das Frühjahr hat noch gar nicht richtig angefangen. So, jetzt machen wir es uns in der Stube gemütlich."

„Ja, Heino, aber erst werde ich mir durch das saubere Stubenfenster die zarten Schneeglöckchen ansehen. Wir haben ja nun wieder den Durchblick!"

# Der Faschingsumzug

In diesem Jahr wollen Helga und Heino in die Stadt fahren und sich den Faschingsumzug ansehen.

Am Faschingstag staunt Helga nicht schlecht, als Heino in die Küche tritt. Er trägt eine schwarz-weiß gestreifte Sträflingsuniform mit einer Nummer auf der Brust. „Das passt ja überhaupt nicht zu meinem feinen langen Kleid", sagt Helga lachend. Sie setzt sich einen großen Hut auf und schlingt die Federboa um den Hals.

„Heute ist Karneval, da ist alles erlaubt!", erwidert Heino entschieden und hilft Helga in ihren Wintermantel.

Voller Vorfreude lassen sich Helga und Heino nun mit dem Bus zum Umzug bringen. Dort treffen sie einige alte Bekannte und werden mit großem Hallo begrüßt. Viel Fußvolk begleitet die Festwagen, es gibt Piraten, Prinzessinnen, Narren, Cowboys und Indianer, Hexen, Ritter, Clowns und vieles mehr. Musik- und Tanzgruppen sorgen für eine tolle Stimmung. Es ist ein knallbuntes, unterhaltsames Treiben, was dort auf der Straße vorbeizieht. Helga und Heino winken den Jecken zu und schunkeln zur Musik der Spielmannszüge. „Schaut mal, da kommt die Prinzengarde", ruft Helga. Auch Heino macht große Augen, denn das strahlende, prachtvoll gekleidete Prinzenpaar winkt ihnen sogar zu!

Als der letzte Wagen vorbeigefahren ist, entschließen sich Helga und Heino, den Heimweg anzutreten. Es ist mühsam, sich einen Weg durch die Menschenmassen zu bahnen, aber bald haben sie es geschafft und sitzen glücklich im Bus nach Hause.

„Ach", seufzt Heino, „es sind heute nur knapp fünf Grad, und der Ostwind bläst eisig! Wenn wir doch nur einmal im Leben zum Karneval nach Rio fliegen würden, dort ist es schön warm!"

„In Rio ist es nicht nur schön warm, da geht es richtig heiß her", antwortet Helga kichernd. „Dort gibt es bekanntlich viel knappere Kostüme, und ich müsste dir dauernd die Augen zuhalten, sonst würden sie dir glatt aus dem Kopf fallen!" „Man wird ja wohl noch träumen dürfen", murmelt Heino, und hakt sich bei Helga ein.

„Ja, träum´ du nur", meint Helga und nimmt Heinos Hand. „Ein bisschen wärmer dürfte es bei uns ruhig sein, da hast du ja Recht. Aber für kein Geld der Welt würde ich zum Karneval nach Rio fliegen. Mit wem sollten wir denn da wohl feiern? Dort kennen wir doch niemanden!"

# Die verschwundene Brille

Helga hat heute Mittag die ganze Familie zum Essen eingeladen. Es soll Heinos Lieblingsgericht geben, leckere Rouladen mit Knödeln und Rotkohl.

Schon am frühen Morgen stellt sich Helga in die Küche, um die ersten Vorbereitungen zu treffen. Sie benötigt nur noch ihre Brille, denn ihre Augen sind nicht mehr die besten. „Wo habe ich bloß die Brille zuletzt getragen?“, grübelt sie und beginnt, im ganzen Haus danach zu suchen. „Nun gut“, denkt sich Helga schließlich, „dann versuche ich das Kochen heute ohne Brille. Ich habe ja Übung. Es wird schon klappen.“

Heino, ihr Ehemann, betritt die Küche, und Helga fragt: „Ach, Heino, weißt du, wo meine Brille geblieben ist? Ich kann sie nicht finden.“

Heino macht sich auf die Suche – und hat die Brille schnell gefunden. „Sie lag im Keller neben der Kartoffelkiste“, lacht er. „Oh, stimmt! Da habe ich sie hingelegt. Jetzt kann ich mich wieder erinnern. Mein Gott, ich werde alt“, denkt Helga laut.

Pünktlich zur Mittagszeit klingelt es an der Haustür. Enkelin Lisa stürmt mit einem Blumenstrauß herein. „Hier, Oma, der ist für dich, weil du so toll kochen kannst.“ „Erst einmal abwarten, das sind ja Vorschusslorbeeren!“, sagt Helga, „noch hast du das Essen nicht gekostet!“ Alle packen mit an, und ruck, zuck stehen die dampfenden, gut gefüllten Schüsseln auf dem Tisch. Wie das duftet! Mit großem Appetit beginnt die Familie zu essen.

Oma Helga schaut Lisa voller Erwartung an. Aber heute kommt kein: „Hmm, wie lecker!“ und kein: „Schmeckt toll, Oma“. Was sieht Helga stattdessen? Lisa verzieht ihr Gesicht und greift schnell zum Wasserglas. Und auch der Rest der Familie schaut verwundert drein.

Als Oma Helga ihre Rouladen selbst probiert, bemerkt sie ihren Fehler. Helga schaut in die Runde und sagt enttäuscht: „Da ist mir wohl ein Missgeschick passiert. Oh, wie schade, ich habe aus Versehen den scharfen Chili statt Pfeffer benutzt …“ Dann erzählt sie der Familie von der verschwundenen Brille.

Lisa umarmt ihre Oma und gibt ihr einen Schmatz auf die Wange. „Ach, Oma“, sagt sie, „so schlimm ist das nicht. Hauptsache, wir bekommen noch unser Eis zum Nachtisch.“ Oma Helga lacht und antwortet: „Keine Sorge, davon habe ich reichlich. Und mit oder ohne Brille – beim Eis kann wohl nichts schiefgehen.“

## Bello, der Nachbarshund

Die Nachbarn Greta und Helmut wollen an diesem Wochenende an einer Geburtstagsfeier teilnehmen. Sie haben allerdings ein klitzekleines großes Problem: Ihr Hund, der Bernhardiner Bello, darf nicht zur Feier mitkommen. Wohin bloß mit dem Hund?

Beherzt klingelt Greta an Helgas Tür und fragt nach der Begrüßung schüchtern: „Wir sind zu einer Feier eingeladen und dürfen Bello nicht mitnehmen. Könnt ihr vielleicht ausnahmsweise für eine Nacht auf Bello aufpassen?" „Aber natürlich, gern", antwortet Helga spontan. Sie freut sich sogar, denn der Hund ist ihr schon lange ans Herz gewachsen.

Kurz darauf steht der große, kräftige Bello schwanzwedelnd vor der Haustür. Er freut sich offenbar genauso wie Helga. Mit großen Augen schaut er neugierig Heino an. Heino ist allerdings nicht begeistert von der Idee, auf den Hund aufpassen zu müssen.

Helga geht in die Küche und bereitet für den nächsten Tag ihren beliebten Kartoffeleintopf mit Würstchen vor. Hmm, wie lecker das riecht! Auch Bello, der Hund, ist angetan von dem Duft und schleckt sich mit der Zunge übers Maul.

Am Nachmittag müssen Helga und Heino für das Wochenende einkaufen. Bello möchte gerne mitkommen, aber er muss allein zu Hause bleiben. Nach dem Einkauf schaut Helga nach ihrem Eintopf. Er muss umgerührt und abgeschmeckt werden. Und was sieht sie da? Nichts! Der Topf ist vollkommen leer. Wie kann das sein? „Um Himmels willen!“, schreit Helga. „Wo ist mein Eintopf geblieben?“ Aufgebracht und Böses ahnend läuft sie in die Stube. Dort sitzen Heino und Bello gemütlich auf dem Sofa. „Na ja“, denkt Helga, „wenigstens scheinen sich die beiden gut zu verstehen.“

Während sie Heino nun erzählt, was in ihrer Abwesenheit geschehen ist, schaut Bello, der Hund, beschämt zur Seite. „Oje“, sagt Helga, „der Übeltäter ist wohl erwischt. Hoffentlich verträgt er das ganze Gemüse und die Brühe!“ Helga ist enttäuscht, dass der gute Eintopf weg ist, aber sie kann Bello wirklich nicht böse sein. Dieser treue Hundeblick! Wie ist es Bello nur gelungen, den Topf nicht umzuschmeißen?

Am nächsten Tag kommt die Nachbarin, um ihren Hund wieder abzuholen. „Hat Bello sich auch gut benommen?“, fragt sie. Heino schaut Helga verschmitzt an und sagt lächelnd: „Dein Hund weiß sich wirklich gut zu benehmen – und er weiß auch, was schmeckt!“ Aber mehr möchte er Greta nicht verraten. Bello selbst schaut unschuldig zur Seite und leckt Helga und Heino dankbar die Hände. Alles andere bleibt ein Geheimnis zwischen den dreien.

# Helgas alte Waschmaschine

Helga möchte an diesem Wochenende ihre Freundin in Bayern besuchen. Die Koffer sind schon gepackt, und Helga kann noch in Ruhe eine Tasse Kaffee trinken, bevor die Reise losgeht.

Ihr Mann Heino hat ihr versprochen, sich um die Vorhänge zu kümmern, die noch zu waschen sind. Helga fragt: „Soll ich dir noch mal erklären, wie die Waschmaschine funktioniert?“ „Nein, nein, Helga, ich krieg das schon hin, das ist doch ein Kinderspiel“, winkt Heino ab. Die Waschmaschine ist schon sehr alt, aber Heino ist bisher nicht bereit gewesen, eine neue zu kaufen.

Heino fährt Helga zum Bahnhof und macht sich anschließend direkt an die „große Wäsche“. Er überlegt, welches Programm er wählen soll. Zur Sicherheit liest er sich die Gebrauchsanleitung durch. Dort steht: „Das Waschmittel in das mittlere Fach geben und dann auf Start drücken.“ Einfacher geht es nicht!

Nach einer halben Stunde schaut Heino nach dem Waschprogramm. Ach, du liebe Zeit, was sieht er da? Die halbe Waschküche steht unter Wasser und Schaum. „Was ist hier bloß passiert?“, brüllt Heino entsetzt. Hat er nicht schon genug Arbeit?

Nachdem die Waschküche wieder getrocknet und gereinigt ist, liest er sich die Mengenangaben auf der Waschmittelpackung durch. „Oje“, denkt sich Heino, „ich habe zu viel Waschmittel eingefüllt.“ Heino versucht noch einen zweiten Waschgang zu starten, aber leider hat die Waschmaschine ihren Geist aufgegeben. Dafür sind die Vorhänge strahlend weiß nach dieser Überdosis

Waschmittel! Nur ausspülen muss er sie noch einmal. Da wird Helga aber staunen!

Am Sonntagabend kommt Helga gut gelaunt und voller neuer Eindrücke aus Bayern zurück. Von den Waschkünsten ihres Mannes ist sie begeistert. Heino freut sich – aber dann beichtet er ihr doch das Missgeschick mit dem Waschmittel. Auch dass die Waschmaschine ihren Geist aufgegeben hat, gesteht er ihr. Eilig fügt er hinzu: „Morgen fahren wir in die Stadt und kaufen dir eine neue Waschmaschine. Mit allem Schnickschnack!" Helga kann sich ein Grinsen nicht verkneifen.

Früh am nächsten Morgen fahren sie zum Elektrofachgeschäft und lassen sich beraten. Der Verkäufer betont, dass die neue Waschmaschine 30 Jahre laufen soll. „In 30 Jahren sind wir 100 Jahre alt", sagt Helga nachdenklich. „Ja", antwortet Heino, „meinst du etwa, das schaffen wir nicht? Also, ich glaube, wir schaffen das. Du kennst doch mein Rezept:

Wer morgens dreimal schmunzelt,
mittags nicht die Stirne runzelt,
abends singt, dass alles schallt,
der wird 100 Jahre alt!"

# Alle Vögel sind schon da …

Heino ist ein absoluter Vogelliebhaber. Sobald der Frühling erwacht, steht er morgens sehr zeitig auf. Er nimmt sein Fernglas zur Hand und beobachtet die balzenden Vögel in den Bäumen.

Es ist noch früh am Morgen, aber jetzt im Frühling ist das Zwitschern der heimischen Singvögel besonders gut zu hören. Heino schaut sich die Vögel durch das Fernglas an und sieht dann zur Bestimmung der Vogelnamen in seinem Vogelbuch nach. Er strengt sich heute besonders an, denn gleich kommt die Enkelin Lisa zu Besuch. Gemeinsam wollen sie ein neues Vogelhäuschen aufstellen, denn noch ist es kalt, und die Vögel finden selbst kaum Futter.

„Opa, Opa!“, hört er Lisa an der Gartenpforte rufen. „Ich bin es, die Lisa, machst du mir bitte die Tür auf?“ Lisa kommt herein und packt stolz ihren kleinen Rucksack aus. „Sieh mal, Opa, ich habe auch ein Fernglas. Das hat mir Papa ausgeliehen.“ „Zeig mal“, erwidert Opa Heino und probiert es gleich aus. „So, Opa, wo wollen wir das neue Vogelhäuschen denn aufstellen?“ Schon bald haben sie einen passenden Platz gefunden, und Lisa gibt ein wenig Vogelfutter in das Häuschen.

Plötzlich hören sie lautes Flügelschlagen und Geschnatter. Ein riesiger Vogelschwarm ist am Himmel zu sehen. „Oh, ist das schön, Opa. Was sind denn das für Vögel ?“, will Lisa wissen.

„Hmm, es könnten Wildgänse sein.“ „Wo wollen die wohl alle hin?“ „Das sind Zugvögel. Im Sommer verbringen sie ihre Zeit bei uns, und im Herbst, wenn es kälter wird, ziehen sie wieder in wärmere Länder, nach Afrika oder Spanien. Hier bei uns würden sie im Winter verhungern. Und im Frühling fliegen sie in ihre Heimat zurück." „Ach so", überlegt Lisa laut, „deshalb nennt man sie Zugvögel." „Aber nicht alle Vögel fliegen in den Süden, einige bleiben bei uns. Diese Vögel unterstützen wir Menschen in der kalten Jahreszeit mit Futter", ergänzt Opa Heino.

Plötzlich schreit Lisa laut: „Igitt, igitt, Opa, mir hat ein Vogel auf die Hand gemacht. Wie eklig!" Opa Heino lacht laut auf und sagt: „Alles Gute kommt von oben." Schnell holt er einen Waschlappen. „Wieso kommt alles Gute von oben?" „Das sagt man so. Und vielleicht bringt es dir sogar Glück, Lisa."

„Ach, Opa, wenn du meinst – ich bin nur froh, dass Kühe nicht fliegen können, das wäre eine riesige Sauerei. So viel Glück will ich gar nicht haben." Beide lachen laut und herzhaft über diese witzige Vorstellung.

# Das Osterfest

Am Samstag vor Ostern hat Helga sich viel Arbeit gemacht. Sie hat 20 Eier bunt gefärbt, die nun fertig vor ihr liegen. Nun kann das Osterfest kommen! Aber eine Sache muss noch erledigt werden, und Helga ruft ihren Mann.

„Heino, kannst du bitte die Ostereier für Lisa im Garten verstecken?“ Das muss sie Heino nicht zweimal sagen. Er zieht sogleich seine Jacke an, nimmt das Körbchen mit den Eiern und stapft hinaus in den Garten. Er freut sich auf den Ostersonntag, wenn sein Sohn Michael mit seiner Familie zu Besuch kommt. Die kleine Enkeltochter Lisa wird natürlich Ostereier suchen wollen. „Ich werde mir richtig Mühe geben, die Eier gut zu verstecken“, murmelt er und schaut sich nach den besten Verstecken um. Nur zu gern spielt er heute den Osterhasen für das Enkelkind. Ein rotes Ei legt er in die kleine Schubkarre eines Gartenzwergs. Ein grünes Ei legt er in die Zeitungsrolle. Ein gelbes Ei versteckt er in einem Blumentopf – und nach einer guten halben Stunde hat er alle bunten Eier versteckt!

Zufrieden geht er ins Haus zurück. Ob Lisa noch an den Osterhasen glaubt? Er selbst glaubte als Junge lange an den Osterhasen! Er weiß noch, wie ihn seine größeren Geschwister deswegen auslachten. Aber immerhin, der Brauch, für die Kinder Eier zu verstecken, hat sich bis heute gehalten. Das findet Heino schön.

Am Ostersonntag klingelt schon um halb acht das Telefon. Der Besuch sagt ab, weil Lisa Fieber hat. „Und was machen wir mit den Ostereiern, die Lisa draußen suchen sollte?“, fragt Heino enttäuscht. „Ach", seufzt Helga, „die Eier musst du natürlich wieder einsammeln …"

Nach dem Frühstück schlurft Heino ein wenig ratlos in den Garten. Ob er die Ostereier wohl wiederfinden kann? Er hat sie doch gestern extra sorgfältig versteckt! In seiner Not bittet er Helga um Hilfe. So kommt es, dass nun statt Enkeltochter Lisa Helga und Heino im Garten die Eier suchen!

Da schaut ein Nachbar über den Gartenzaun und ruft: „Sucht ihr etwa Ostereier? Glaubt ihr in eurem Alter denn noch an den Osterhasen?"

„Ja, natürlich", antwortet Heino schlagfertig. „Wer an ihn glaubt, bekommt auch Ostereier! Schau mal, wie viele schöne Eier ich schon in meinem Körbchen habe! Da staunst du, was?"

# Tanz um den Maibaum

Es ist der Abend des 30. April. Gut gelaunt zieht Helga ihr neues Kleid an, schaut in den Spiegel und bürstet sich noch kurz die Haare. Gleich kommen die Nachbarn vorbei, um sie und ihren Mann Heino zum „Tanz in den Mai“ abzuholen. Helga ist nun fertig und ruft nach Heino, der bereits frisch angezogen und fröhlich pfeifend die Treppe herunterkommt. Sie setzen sich auf die Bank, die vor ihrem Haus steht, und warten auf ihre Nachbarn.

Währenddessen erzählt Heino von dem bekannten Brauch „Tanz in den Mai“ und wie dieser wahrscheinlich entstanden ist. „Also“, fängt Heino an, „Heute ist nicht nur unser ‚Tanz in den Mai‘, sondern auch Walpurgisnacht. „Da tanzten früher die Hexen ums Feuer und flogen dann in der Dunkelheit auf ihren Besen davon.“

Helga schaut Heino herausfordernd an und sagt: „Woher willst du das wissen? Vielleicht haben sie ja einfach ihre alten Besen im Feuer verbrannt, damit sie endlich von ihren Ehemännern neue bekommen!“ Dabei lächelt Helga, erfreut über ihre gute Antwort und winkt den endlich eintreffenden Nachbarn zu.

Der Maibaum ist festlich geschmückt mit all den Schleifen und Blüten, und die Volksmusik sorgt für gute Stimmung. Nach einer Bratwurst und einem Glas Bier fangen die meisten Besucher an, im Kreis um den Maibaum herumzutanzen. Auch Helga und Heino tanzen mit und genießen den fröhlichen Abend. Nach ein paar Runden setzen sie sich verschwitzt und müde auf eine Bank und schauen sich von dort aus die Feier weiter an.

„Die Hexen hätten bestimmt auch großen Spaß an dieser Feier", denkt Helga laut. Und Heino erwidert voller Elan: „Wenn ich noch ein junger Bursche wäre, würde ich jetzt für meine liebste Helga auf diesen Maibaum klettern und ein hübsches Band abreißen. So war es früher Sitte."

„Ja, Heino, das stimmt. Und ich als deine liebe Ehefrau, die immer an deinen guten Appetit denkt, würde dir ein paar Würste vom Maibaum holen, das war nämlich auch Sitte."

Helga und Heino lachen gemeinsam, und dann tanzen sie zum letzten Lied des Abends: „Der Mai ist gekommen". Und alle Besucher freuen sich, dass die kalte Jahreszeit endlich vorbei ist. Nun darf der Sommer kommen!

# Muttertag

Es ist Anfang Mai, die Bäume schlagen aus, und endlich wird es draußen wieder grün. Am Sonntag wird Muttertag sein, und Helga überlegt, ob ihr Sohn wohl in diesem Jahr daran denken wird. Ein paar Mal hat er es vergessen. Das war natürlich nicht böse gemeint, das weiß Helga ja. Aber einen kleinen Stich hat es ihr doch versetzt. Schließlich ist der Muttertag neben ihrem Geburtstag der einzige Tag des Jahres, an dem sie mal im Mittelpunkt steht. Wie würde der Muttertag in diesem Jahr für sie verlaufen?

Am Sonntag ist es dann soweit. Am Vormittag bleibt alles ruhig. Ob Michael wohl am Nachmittag kommen wird? Einen kleinen Blumenstrauß darf sie doch wohl erwarten? Mehr verlangt sie ja gar nicht, einfach nur eine Kleinigkeit, und dass er daran denkt.

Nach dem Mittagessen wird sie schon etwas unruhig. Als es endlich an der Tür klingelt, ist sie ganz erleichtert. Freudestrahlend steht ihr Sohn vor der Tür, hinter ihm sieht sie seine kleine Familie im Auto warten. „Liebe Mutti, am heutigen Muttertag laden wir dich mal richtig ins Café ein. Und Papa darf natürlich auch mitkommen!“

Das lassen sich Helga und Heino nicht zweimal sagen. Flott ziehen sie die Sommermäntel über und setzen sich ins Auto. Es wird ein wunderbarer Nachmittag, auch für Helgas Schwiegertochter Claudia, die natürlich ebenfalls Muttertag hat. Ihre Tochter Lisa hat ihr ein paar selbstgehäkelte Topflappen geschenkt. Helga muss schmunzeln. Dass auch heutzutage noch Topflappen verschenkt werden!

Nachdem sich alle im Café mit Kaffee und Torte gestärkt haben, machen sie einen kleinen Spaziergang im Grünen. Schließlich bekommt Helga sogar noch ein hübsches Fotoalbum mit alten und neuen Familienbildern geschenkt. Auf die erste Seite hat ihr Sohn ein Gedicht geschrieben:

„Ich sag es heute frei und frank:
Für all deine Mühen hab vielen Dank!
Du hast gesorgt, tagaus, tagein,
mein Dank dafür ist viel zu klein.
Deine Liebe lässt sich nicht messen –
und ich Esel hab den Muttertag oft vergessen!
Doch jetzt bin ich ja ein großes Kind
und weiß, dass so liebe Mütter selten sind.
Drum möchte ich dir heut mal sagen,
wie froh ich bin, dich noch zu haben!

Helga ist sehr gerührt über diese Zeilen und muss sogar ein paar Tränen wegblinzeln. So einen schönen Muttertag hatte sie noch nie!

# Die Fahrradtour zu Pfingsten

Zu Pfingsten planen Helga und Heino eine Fahrradtour. Sie wollen an den nahen Fluss fahren. Frohgemut setzen sie sich auf ihre Räder und treten kräftig los. Es ist „Kaiserwetter", und viele Ausflügler sind unterwegs. Auf den Wiesen grasen friedlich ein paar Schafe. Bunte Blumen säumen die Wege. Kühe blinzeln träge in die Sonne.

Nachdem sie eine Weile gefahren sind, stellen Helga und Heino ihre Räder ab. Sie begeben sich zum Flussufer, wo ein langer sauberer Sandstrand zum Verweilen einlädt. Helga breitet eine mitgebrachte Wolldecke aus, sie setzen sich und genießen den Sonnenschein.

Bald ist es Mittag, und sie verspeisen ihren Proviant. Hier in der Natur hätte es auch gar nichts zu kaufen gegeben. Ein paar Kinder tollen über den Strand, und hin und wieder fährt eine kleine Motoryacht vorbei. Es ist hier so ruhig und idyllisch, dass sie auf ihrer Decke ein kleines Mittagsschläfchen in der Sonne halten.

Bevor sie heimradeln, setzen sie sich noch auf eine Bank und betrachten eine Weile den Schiffsverkehr auf dem Fluss. Plötzlich zeigt Heino auf einen Punkt in der Ferne. „Schau mal, Helga, wir haben ja richtig Glück heute, da kommt ein großes Segelschiff!" Staunend sehen Helga und Heino das leuchtend weiße Schiff vorbeisegeln. Es hat drei hohe Masten, und die ebenfalls weißen Segel blähen sich im Wind. Ein paar junge Matrosen winken ihnen vom Deck aus zu. Dieses Erlebnis ist für Helga und Heino der Höhepunkt des Tages. Helga holt den Fotoapparat heraus und knipst ein

Bild nach dem anderen, bis der beeindruckende Segler langsam am Horizont entschwindet.

Doch als Helga am kommenden Tag den Film zurückspulen und aus dem Fotoapparat nehmen will, muss sie feststellen, dass sie gar keinen Film eingelegt hatte! Vor lauter Enttäuschung vergießt sie ein paar Tränen. „Wie konnte ich nur vergessen, einen Film einzulegen! Nun haben wir gar keine Erinnerungsfotos von unserem Ausflug und von dem schönen Segelschiff!“ Heino weiß genau, dass seine Frau gern beim nächsten Kaffeekränzchen stolz die neuen Fotos gezeigt hätte. Er kann sich ein Grinsen kaum verkneifen.

„Ach, Helga, das ist doch gar kein Problem! Du kannst doch deinen Freundinnen stattdessen ein paar alte Fotos von meiner Konfirmation vorzeigen, dann habt ihr wenigstens mal was zu lachen!“

# Im Museumsdorf

Im Museumsdorf hat man das Gefühl, die Zeit wäre stehen geblieben. Alles ist so hergerichtet, wie es vor Jahrhunderten gewesen sein muss. Am heutigen Samstag unternimmt die Seniorengruppe von Heino und Helga einen Nachmittagsausflug dorthin.

Die erste Attraktion ist eine große Bockwindmühle. Die mächtigen Holzflügel drehen sich gemächlich im Wind. In den wunderbaren Gärten, die fast jeden Bauernhof umgeben, blüht und grünt es jetzt im Frühling, dass es eine Freude ist. Hinter niedrigen gepflegten Buchsbaumhecken blühen Tulpen, Stiefmütterchen und Vergissmeinnicht um die Wette. Über den Rundweg geht es munter weiter zu den übrigen alten Gebäuden.

Einfach rührend findet Helga die kleine weiß getünchte Kirche mit den wenigen Bänken und dem Marienbild auf dem Altaraufsatz. Noch winziger ist die einstige Dorfschule. Ein paar alte, abgewetzte Schulbänke und ein Lehrerpult direkt neben einem eisernen Kanonenofen zeugen von Einfachheit und Armut.

In der rußgeschwärzten Dorfschmiede steht ein kräftiger Schmied mit dicken Handschuhen und einer derben Lederschürze vor dem offenen Feuer. Sogleich nimmt er mit einer großen Zange das rot glühende Eisen heraus und beschlägt es auf dem massiven Amboss.

Zuletzt gelangen Heino und Helga zum Backhaus, in dem zwei weiß gekleidete Bäcker mit der Brotherstellung beschäftigt sind. Hier erleben sie, wie der Brotteig mit der Hand geknetet und anschließend auf einem langen hölzernen Schieber in den steinernen

Backofen geschoben wird. Es duftet so köstlich nach frischem Brot, dass Helga und Heino das Wasser im Mund zusammenläuft. Sie kaufen zwei Brote und lassen sie sich zum Mitnehmen einpacken.

„Ach, manchmal möchte ich auch so leben wie die Menschen von anno dazumal!“, meint Helga verträumt. „Das ist keine schlechte Idee“, stimmt Heino ihr sofort zu. „Dann könnten wir viel Geld sparen! Wenn ich nur an unsere Telefonrechnung denke! Früher ging man zum Tratschen zum Dorfbrunnen, das war billiger!“

Jetzt fühlt Helga sich ertappt. „Tja, Heino, aber du müsstest dann Holz hacken für den Winter!“, gibt sie zurück. „Puh“, stöhnt Heino und muss lachen. „Weißt du was, eigentlich freue ich mich nach diesem Ausflug in die Vergangenheit jetzt richtig auf meinen Fernseher und die Sportschau!“

# Der Seniorenchor

Jeden ersten Mittwoch im Monat macht sich Helga auf den Weg zum Gemeindehaus. Dort treffen sich Nachbarn und Freunde, um gemeinsam im Seniorenchor zu singen. Alle, die mitsingen, haben bereits ein beachtliches Alter erreicht. Die Jüngste im Chor ist 72 Jahre und der Älteste 78 Jahre alt.

Schon den ganzen Tag trällert Helga gut gelaunt durch das Haus und freut sich auf den kommenden Abend. Heino, ihren Ehemann, konnte sie bisher nicht überzeugen mitzukommen. Jedes Mal, wenn sie ihn fragt: „Magst du heute Abend zum Singen mitkommen?", lehnt Heino ab und entgegnet: „Geh nur, wenn dir das Singen so viel Spaß bereitet, ich bleibe lieber zu Hause!"

„Ach, Heino, dir würde es auch mal gut tun mitzukommen. Und Erwin, dein guter Freund, kommt heute Abend auch vorbei, um mitzusingen." „Der Erwin kommt vorbei?" Heino grinst. „Der kann doch gar nicht singen, der brummt doch nur."

Helga hat schlagartig eine zündende Idee. „Heino, du hast doch auch so eine schöne Brummstimme, dann können du und der Erwin zusammen singen, und schon hätten wir zwei kraftvolle Bassstimmen. Du weißt, einige tiefe Stimmen fehlen uns noch." Bittend schaut sie ihren Ehemann an. Der scheint zu überlegen … „Wenn dir so viel daran liegt, komme ich heute Abend einmal mit", erklärt er schließlich und küsst Helga auf die Wange.

Abends im Gemeindehaus sind die meisten Sängerinnen und Sänger schon anwesend und begrüßen freudig die Neuankömmlinge.

Heino und Erwin mit den Brummstimmen nehmen zwei Plätze in der letzten Reihe ein, wie es sich für den Bass gehört. Der Chorleiter erklärt die Reihenfolge der Lieder, und schon geht es los. Wie ein alter Hase lässt Heino kräftig sein Organ erklingen. Die Liedauswahl ist ganz nach seinem Geschmack. Zum Schluss singen sie: „So ein Tag, so wunderschön wie heute …" Das findet Heino sehr passend, denn er hat wirklich viel Spaß gehabt.

Auf dem Nachhauseweg summt Heino immer noch, und Helga schmunzelt und freut sich über den gelungenen Gesangsabend. Beschwingt öffnet Heino die Haustür und gibt Helga einen Kuss. Dabei lächelt er und sagt: „Du hattest Recht, es war wirklich schön. Das nächste Mal komme ich auch wieder mit, und vielleicht werden wir sogar eines Tages vom Fernsehen entdeckt und weltberühmt!" Lachend gehen sie ins Haus und trällern fröhlich weiter.

# Petri Heil!

„Werner und ich wollen am Sonntag endlich mal wieder angeln gehen", berichtet Heino seiner Frau Helga. „Wir waren schon lange nicht mehr unten am See. Ich bringe dir ein paar schöne frische Fische fürs Mittagessen mit!" Im letzten Jahr hat Heino von seinen Freunden eine Angel zum Geburtstag geschenkt bekommen. Schon lange möchte er die die neue Angel testen.

Am Samstagabend überprüft Heino noch einmal seine Angelausrüstung. Helga bereitet Tee und leckere Brote vor. Am nächsten Morgen, pünktlich um drei Uhr, steht Heinos Freund Werner vor der Tür. Zusammen fahren sie zum See und suchen sich einen guten Fangplatz. Maden und Würmer werden an den Angelhaken befestigt und die Angelschnüre auf das Wasser geworfen. Beide Männer setzen sich auf ihre mitgebrachten Klappstühle. Nun ist Geduld gefragt. Werner erklärt: „Um einen großen Aal zu fangen, braucht man Glück, Zeit und natürlich viel Erfahrung." Dabei schaut er Heino wissend an.

„Oh", antwortet Heino ironisch, „da spricht der große Angler!" Und schmunzelnd konzentriert sich Heino erneut auf die Bewegungen seiner Angelschnur. Stunden später hat sich immer noch nichts getan, kein Biss, keine Bewegung der Schnur. Die Beine und die Arme der beiden Angler sind steif geworden, und die Nacht weicht langsam der Morgendämmerung.

Um halb acht sehnt sich Heino nach Frühstück und fragt seinen Freund: „Du, Werner, meinst du nicht, wir haben es jetzt lange genug versucht? Es will einfach kein Fisch anbeißen." Dabei hält sich Heino seinen steifen Rücken. Werner nickt, und beide packen enttäuscht ihre Sachen zusammen. Neben dem parkenden Auto hat gerade ein mobiler Fischverkaufsstand aufgemacht. Leckere Aale sind hier im Angebot! „Donnerwetter", ruft Heino, „das nenne ich mal einen guten Fang!" Und er kauft sofort zwei dicke Aale ein.

Auf der Rückfahrt fragt Werner: „Was meintest du denn vorhin mit: Das nenne ich mal einen guten Fang?"

Heino schaut ihn schelmisch an und erwidert: „Ja, denkst du, ich komme ohne frisch gefangenen Fisch nach Hause? Meine liebe Helga soll doch glauben, dass sie einen richtig guten Angler zum Ehemann hat." Vor lauter Lachen müssen sich Heino und Werner den Bauch halten. Zu Hause angekommen, verabschieden sie sich auf ein baldiges neues Treffen zum Angeln. Petri heil!

# Der Ausflug an die Nordsee

Jedes Frühjahr machen Heino und Helga einen Tagesausflug mit der Seniorengruppe. Diesmal soll es an die Nordseeküste gehen. Es ist Ende Mai, und im Bus wird es ziemlich heiß, denn draußen herrscht strahlender Sonnenschein. Der Busfahrer legt eine Kassette mit Seemannsliedern ein, was bei der Gruppe sehr gut ankommt. Nun kommen die Ausflügler schnell in Stimmung.

Als sie am Strand des kleinen Badeortes ankommen, ist leider gerade Ebbe. „Das Wasser ist nicht zu sehen, wäre ich doch zu Hause geblieben!", mault Heino unzufrieden.

„Hab Geduld, die Flut kommt bald!", sagt Helga begütigend und geht mit den anderen Senioren ins Schifffahrtsmuseum. Heino will nicht mit ins Museum. Er holt sich lieber ein schönes Brötchen mit Bismarck-Hering von der Fischbude. Damit setzt er sich auf eine freie Bank und will gerade herzhaft zubeißen, als eine freche Möwe im Sturzflug herbeikommt und ihm – schwuppdiwupp – das leckere Brötchen aus der Hand reißt.

So hat Heino sich den Ausflug nicht vorgestellt! Leider hat er selbst kein Geld eingesteckt und kann sich kein neues Brötchen kaufen. Er muss auf Helga warten – das kann lange dauern! Hungrig und verstimmt setzt er sich wieder auf die Bank. Und im Handumdrehen ist Heino eingenickt … „Wach auf, du hast ja schon einen Sonnenbrand auf der Stirn", ruft Helga, als sie endlich zurück ist. Dummerweise hatte er vergessen sich einzucremen. „Ach, Helga, das ist schön, dass du mir ein Eis und eine Cola mitgebracht hast! Stell dir vor, eine Möwe hat mir mein Fischbrötchen gestohlen!"

„Oje, Heino, was für ein Malheur! Das kann auch nur einer Landratte wie dir passieren! Dann pass aber gut auf, dass dir das Eis nicht auch noch geklaut wird“, neckt Helga ihren Mann.

Zur Freude aller Badegäste kommt nun endlich die Flut, das Wasser ist da! Heino planscht mit den Füßen kräftig im Wasser herum. Welch eine Wohltat, was für eine herrliche Erfrischung! Wie Helga hat er nun schließlich auch seine Freude am Strand, genießt Wellen, Sonne und Meeresbrise und sucht mit ihr zusammen nach schönen Muscheln als Souvenir.

Auf der Rückfahrt ist Heino wieder mit sich und der Welt zufrieden. Der Sonnenbrand tut weh, aber das Fußbad in der Nordsee hat ihm gut getan. So saubere Füße hat er schon lange nicht mehr gehabt!

# Der Sommergast

Es ist ein heißer Tag im Juni, und Heino hält sich, wie so oft im Sommer, in seinem Garten auf. Er blickt prüfend zum Himmel: „Die Schwalben fliegen tief", stellt er aufmerksam fest, „vielleicht gibt es bald Regen!" Seit er im Ruhestand ist, beobachtet er gern mit Muße die Vogelwelt.

Als Heino sich hinsetzt, um die Zeitung zu lesen und ein kühles Glas Eistee zu trinken, hört er plötzlich ein ungewöhnliches Kreischen. So einen Vogel hat er im heimischen Garten noch nie gehört! „Eine Krähe kann das nicht sein", denkt Heino, der Vogelkenner. Neugierig schaut er nach oben in die Kronen der hohen Eichen, und versucht herauszufinden, wer oder was da so scheußlich kreischt. Und richtig, Heino kann etwas erkennen! Er sieht einen rot-blauen Vogel oben im Baum sitzen, der einen langen, bunten Schwanz hat.

„Na, da brat mir doch einer 'nen Storch, da sitzt ja ein Papagei!", ruft Heino verdattert und geht sofort Helga holen. Nun bestaunen die beiden gemeinsam das farbenprächtige Federvieh. „Der muss irgendwo entflogen sein. Wie man dem armen Tier nur helfen kann?", fragt sie besorgt.

Noch bevor Heino zu einer Antwort ansetzen kann, verlässt der Papagei plötzlich den hohen Baum. Er fliegt eine Runde über den Garten und landet an der Vogeltränke, die mitten auf dem Rasen steht. Helga läuft sofort ins Haus, um Vogelfutter zu holen. Das arme Tier muss doch Hunger haben! Gastfreundschaft gilt in Helgas Haushalt als oberstes Gebot.

Unterdessen betrachtet Heino in aller Ruhe den hübschen bunten Vogel und sagt, mehr zu sich selbst: „Na, wo kommst du wohl her? Ob du sprechen kannst? Und wenn, dann hat man dir wahrscheinlich nur Unsinn beigebracht.“

„Tierpark ‚Safari‘, Familienkarte dreißig Euro“, spricht der Papagei auf einmal deutlich und nimmt ganz frech ein Bad in der Vogeltränke. Danach stolziert er zutraulich zu Helga, die ihm einen Teller mit Sonnenblumenkernen hinhält. „Jetzt Jahreskarte im Sonderangebot kaufen! Ermäßigung für Kinder und Senioren!“, hört Heino den Papagei noch sagen, dann eilt er ins Haus und ruft den Tierpark an. So eine vorlaute Quasselstrippe würde er sowieso nicht behalten wollen!

# Helga und das Schaf Gudrun

Helga lebt schon seit eh und je in ihrem kleinen Dorf direkt neben einem plätschernden Bach. Schon als Kind kühlte sie dort im Sommer ihre Füße und genoss die erfrischende Abkühlung.

Unter einem Apfelbaum im Garten steht eine Bank, und gegen Abend sitzen Helga und Heino häufig dort, um den restlichen Tag zu genießen.

Der Garten ist Helgas ganzer Stolz, und sie pflegt ihre Nutzpflanzen, wann immer sie Zeit hat. Kartoffeln, Tomaten, Karotten, Bohnen, Zwiebeln, Salatköpfe und das leckere Obst. Als Helga noch ein Kind war, träumte sie oft, sie könne an den langen Bohnenstangen hoch bis in den Himmel hinaufklettern und dann die Wolken berühren, die aussahen wie Schafe. Helga schmunzelt, denn Schafe waren schon immer ihre Lieblingstiere.

Eines Nachmittags ist es mal wieder so weit, der Rasen muss gemäht werden. Helga sagt zu ihrem Mann Heino: „Ich glaube, es wird Zeit, den Rasen zu mähen. Am besten noch vor dem Wochenende.“ Heino nickt und hält sich seinen mal wieder verspannten Rücken.

Später am Nachmittag ruft Heino unerwartet von der Gartenpforte aus nach Helga. „Kannst du mir bitte die Gartentür öffnen, ich habe eine Überraschung für dich!“ Neugierig öffnet sie die Tür, und was sieht sie dort? Heino mit einem Schaf. „Mäh, mäh“, blökt es und schaut Helga mit treuem Blick an.

„Was ist hier denn los? Wo hast du das Schaf her, und was sollen wir damit anfangen?“, fragt Helga aufgeregt.

Heino gibt keine Antwort, lacht nur verschmitzt und geht mit dem Schaf direkt zum Rasen. Dort schnüffelt das Schaf ein wenig herum und macht sich sofort daran, das saftige Gras zu fressen. Heino schmunzelt und sagt: „Darf ich vorstellen: Das ist Gudrun. Ich weiß doch, wie gern du Schafe magst, also dachte ich, ich besorge eins für uns. Gudrun kann in unser leeres Ställchen einziehen. Sie kann uns kostenlos den Rasen mähen, dann habe ich nicht so viel Arbeit und weniger Rückenschmerzen. Außerdem wird Gudrun dir draußen im Garten Gesellschaft leisten. Und drittens können wir das Schaf jeden Sommer scheren. Von der Wolle könntest du im Winter Pullover stricken. Na, was sagst du nun?“

„Heino, du bist ein Genie. Kriegen wir dann im Frühjahr auch Osterlämmer?“ Lachend umarmt Helga ihren Mann, und gemeinsam setzen sie sich auf die Bank in den Schatten und schauen Gudrun beim Grasen zu.

## Heino geht Gassi

Es ist Juli, und die Sonne scheint auf den Frühstückstisch. Als Heino die Zeitung durchgelesen hat, gibt er sich einen Ruck und steht auf. „Ich geh dann mal Gassi", sagt er bestimmt und greift nach seinem Sommerhut.

„Mit wem willst du denn Gassi gehen? Wir haben doch gar keinen Hund!" Helga ist ziemlich erstaunt und blickt Heino fragend an.

„Der Doktor hat zu mir gesagt, dass ich jeden Tag Gassi gehen soll. Auch ohne Hund! Ich soll mich mehr bewegen!", erklärt Heino, gibt Helga ein Abschiedsküsschen und verlässt das Haus. Vom herrlichen Wetter beschwingt, spaziert er durch das Dorf, beguckt sich die Vorgärten und hält hier und da mit einem Nachbarn am Gartenzaun einen Schwatz.

„Morgenstund hat Gold im Mund,
ich gehe gern auch ohne Hund,
lauf die Straße rauf und runter,
das macht müde Männer munter!"
…, dichtet Heino vor sich hin.

Auf einmal sieht er auf einer Wiese schöne Sommerblumen blühen. Sogleich beginnt er, für seine Helga einen kleinen Blumenstrauß zu pflücken. Auf der Suche nach den schönsten Blumen dringt er immer weiter in die Wiese vor.

Hoppla! Heino stolpert über einen Haufen mit altem verrotteten Holz. Plötzlich ist er von wütenden Wespen umzingelt, denn er ist mitten in ein Wespennest getreten! Verzweifelt schlägt Heino mit einer Hand um sich, mit der anderen hält er den Blumenstrauß fest. Nun hilft nur noch die Flucht. So schnell er kann, läuft er nach Hause! Aber die aggressiven Wespen verfolgen ihn und stechen ihn gleich mehrmals in die nackten Arme und Beine. Wie weh das tut! Noch immer hält Heino den Blumenstrauß krampfhaft umklammert, langsam geht ihm die Puste aus.

Endlich erreicht er das Haus, rasch reißt er die Haustür auf und wirft sie kräftig hinter sich zu. Wie durch ein Wunder ist keine Wespe mit ins Haus gekommen!

Von Heinos Gepolter aufgescheucht, tritt Helga in den Flur. Als sie den völlig erschöpften Heino auf der Treppe sitzen sieht, macht sie große Augen. Mit letzter Kraft hält er ihr atemlos den etwas lädierten Blumenstrauß entgegen.

„Lieber Heino, vielen Dank für die schönen Blumen, aber du hättest dich doch meinetwegen nicht so abzuhetzen brauchen. So schnell verwelken frische Blumen doch nicht“, sagt Helga kopfschüttelnd und geht in die Stube, um eine Vase zu holen.

# Kirschenernte

Am Samstag kommt Helgas Enkelin Lisa zu Besuch. Sie ist sehr gut gelaunt, denn bei Oma gibt es immer etwas Leckeres zu naschen. Lisa möchte der Oma beim Pflücken der Kirschen helfen. Doch zuerst holt sie sich einen Weidenkorb, um die guten Kirschen aufzulesen, die vom Baum gefallen sind.

Es ist ein heißer Tag, und Lisa legt sich zwischendurch zur Abkühlung mit einer Schale Kirschen in die Zinkbadewanne, die mit kaltem Wasser gefüllt ist. Dabei vernascht sie eine Kirsche nach der anderen und kann mit dem Essen nicht aufhören. Oma Helga schüttelt nur den Kopf und ermahnt Lisa: „Wenn du weiter so viele Kirschen verdrückst, brauchst du dich nicht zu wundern, wenn du heute Abend Bauchschmerzen bekommst."

Lisa stöhnt und erwidert lachend: „Ach, Oma, du machst dir immer so viele Sorgen!" Schon nascht sie die nächste saftige, rote Kirsche. Dann schaut sie Oma Helga nachdenklich an und fragt: „Omi, kennst du den Spruch: Mit dem ist nicht gut Kirschen essen?"

„Ja, Lisa", antwortet Oma Helga. „Dieser Spruch stammt aus alter Zeit. Im Mittelalter waren die Kirschen sehr teuer und rar. Nur reiche Leute konnten sich Kirschen leisten. Kamen dann Leute hinzu, die kein Geld hatten, wurden diese armen Leute mit den Kirschkernen bespuckt, bis sie sich entfernten."

„Oh, wie schade", antwortet Lisa nachdenklich und nimmt sich erneut eine süße Kirsche.

Am späten Nachmittag fängt Lisa an zu jammern und hält sich klagend den Bauch. Oma Helga nimmt sie tröstend in den Arm. „Ich hab dich gewarnt! Zu viel Kirschen essen ist nicht gut!“ Helga geht in den Garten, holt einige Kräuter und brüht einen Tee auf. Als Oma Helga mit dem heißen Tee in die Stube kommt, verzieht Lisa das Gesicht. Aber Helga lässt sich nicht erweichen. „Jetzt trinkst du zuerst einmal den Tee“, verlangt sie von ihrer Enkelin. „Dann geht es dir bestimmt besser.“

Lisa hält sich beim Teetrinken die Nase zu, denn er riecht wirklich scheußlich und schmeckt bitter. „Igitt, Oma, nie wieder werde ich so viele Kirschen essen! Wenn ich danach immer so einen grässlichen Tee trinken muss ….“

Oma lacht und bemerkt: „Siehst du, Lisa, du kannst deiner Oma wohl hin und wieder glauben. Und eine zweite Tasse Tee könnte dir auch nicht schaden!“ Lisa schaut Oma Helga entsetzt an, sieht aber schnell, dass die Oma nur einen Spaß macht, und beide halten sich den Bauch vor Lachen.

## Der Kindergeburtstag

Der erste August ist ein ganz besonderer Tag, denn die kleine Lisa hat Geburtstag und wird fünf Jahre alt. Natürlich sind Oma Helga und Opa Heino zur Geburtstagsfeier eingeladen, und sie freuen sich darauf, ein bisschen bei der Kinderbetreuung mitzuhelfen. Es ist fantastisches Wetter, und so steht dem geplanten Gartenfest nichts im Wege.

Es gibt Erdbeertorte mit Schlagsahne, nette Geschenke, bunte Luftballons und lustige Spiele. Oma Helga und Opa Heino haben ebenfalls ein paar Spiele vorbereitet. An solch herrlich altmodischen Spielen wie Sackhüpfen, Blinde Kuh und Eierlaufen haben die Kinder viel Spaß. Es wird ein unterhaltsamer Nachmittag.

Am Abend wollen Helga und Heino nach Hause fahren. „Ich kann den Autoschlüssel nicht finden!", ruft Heino plötzlich. „Wo habe ich ihn nur hingelegt?" Aufgeschreckt wie die Hühner laufen alle Erwachsenen auf der Suche nach dem Schlüssel durch das Haus. Es wird überall nachgesehen, aber der Schlüssel bleibt verschwunden, es ist einfach wie verhext!

Dann wird im Garten weitergesucht. Bald sind alle müde, es war schließlich ein langer Tag. Zum letzten Mal geht Heino den Gartenweg ab, da streift sein Blick zufällig den Gartenzaun. Er traut seinen Augen kaum: Da ist er, sein Schlüssel – fein säuberlich am Zaun aufgehängt! „Da ist ja mein Autoschlüssel, wie ist er da nur hingekommen?", fragt er überrascht. Auf einmal geht ihm ein Licht auf, und er blickt die kleine Lisa forschend an. Auch bei Helga fällt nun der Groschen. „Hast du den Schlüssel gefunden und so ordentlich an den Zaun gehängt?“, fragt sie ihre Enkelin freundlich.

Lisa nickt. „Ordnung ist das halbe Leben, sagt Opa Heino immer“, antwortet sie altklug. Liebevoll nimmt Helga ihre Enkelin in den Arm und drückt sie an sich. „Da hat dein Opa schon Recht. Und du hast deine Sache auch gut gemacht! Immerhin gehören Schlüssel aufgehängt, nur nicht unbedingt an den Gartenzaun!“

Alle sind erleichtert, dass der Schlüssel wieder da ist. Lisas kindlicher Ordnungssinn sorgt für einige Lacher.

„Das war ein sehr gelungener Geburtstag“, meint Heino bei der Verabschiedung und denkt sich, dass er vielleicht doch schon ein wenig zu alt für so turbulente Kindergeburtstage ist. Kleine Kinder sind süß – aber manchmal auch anstrengend!

## Der Sommerspaziergang

Am Sonntag gehen Helga und Heino am Bach spazieren. Es ist ein wunderschöner Sommertag, und es duftet stark nach frisch gemähtem Gras.

Als Heino und Helga auf einer Bank pausieren, sehen sie zu ihrer Freude zwei große weiße Schwäne auf dem Wasser herangleiten. Sie haben drei niedliche kleine graue Schwanenküken im Schlepptau.

„Bald werden die drei kleinen Küken auch ein leuchtend weißes Federkleid bekommen. Das erinnert mich an das Lied mit den wilden Schwänen, kennst du das?“, fragt Heino. „Ach, natürlich, das kenne ich aus meiner Kindheit!“, antwortet Helga, und dann singen sie gemeinsam, Helga ein bisschen zittrig und von Heinos wunderbarem Bass übertönt.

„Zogen einst fünf wilde Schwäne, Schwäne, leuchtend weiß und schön …“ „Dieses Lied habe ich schon immer geliebt“, sagt Helga unbeschwert und genießt die schöne Stimmung am Bach.

„Die Volkslieder, die wir schon als Kinder gesungen haben, die singe ich heute immer noch gern. Da kommt man so richtig in Schwung, fast wie früher, als wir noch jung waren!“, erklärt Heino leidenschaftlich. Als Helga ihn vor einigen Wochen überredete, einmal mit zur Chorprobe zu kommen, entdeckte er auf seine alten Tage sein Gesangstalent. Inzwischen bildet er sich sogar etwas darauf ein und lässt sein Organ bei jeder Gelegenheit erschallen.

Bald erheben sich die beiden von ihrer idyllischen Bank, machen sich wieder auf den Weg und verlassen die niedliche Schwanenfamilie. Die Sonne scheint, die Grillen zirpen, und ein paar Schmetterlinge segeln durch die Luft. Eine leichte Brise lässt die Blätter in den Bäumen rauschen. Helga fällt ein altes Wanderlied ein. Mit schiefer Stimme fängt sie an zu singen, und Heino fällt begeistert mit ein:

„Mein Vater war ein Wandersmann, und mir steckt's auch im Blut, drum wandre ich, so lang ich kann, und schwenke meinen Hut. Valderi, valdera …"

„Ich dachte immer, dein Vater war ein Zimmermann", scherzt Heino und lacht. „Oh, Heino, das darfst du doch nicht wörtlich nehmen, das ist doch nur ein Lied!", gibt Helga gutmütig zurück.

„Ich mach ja auch nur Spaß", antwortet Heino, der Helga gern mal auf den Arm nimmt. „Und die Noten hast du auch nicht mehr ganz richtig im Kopf, aber sing nur weiter, hier draußen in der Natur hört uns ja keiner!"

# Samstag war Badetag

Lisa ist am Wochenende bei Oma Helga und Opa Heino zu Besuch. Den ganzen Nachmittag spielt Lisa im Garten und klettert auf der alten Buche herum.

Am späten Samstagnachmittag soll Lisa noch in die Badewanne. Oma Helga hat bereits warmes Wasser eingelassen und einen Schaumbadezusatz mit Erdbeerduft hinzugefügt. Genüsslich setzt sich Lisa ins angenehm warme Wasser und fängt an, fröhlich darin herumzuplanschen.

Oma Helga kommt zwischendurch herein, um nach ihr zu sehen, und Lisa fragt: „Oma, hattest du früher auch so ein tolles Schaumbad?“ Oma Helga überlegt und antwortet: „Nein Lisa, bei uns war das damals ganz anders. Soll ich dir erzählen, wie ich früher gebadet habe?“

„Au ja“, erwidert Lisa neugierig, und Oma Helga beginnt zu erzählen: „Früher, als ich noch klein war, etwa so alt wie du heute, hatte nicht jede Familie ihre eigene Badewanne. Und falls eine vorhanden war, kam das warme Wasser nicht wie heutzutage aus der Leitung. Das Wasser musste auf dem altmodischen Kohleherd in einem großen Wasserkessel erhitzt werden. Oft konnte ich vor lauter Qualm und Rauch meine Mutter nicht mehr richtig erkennen! Gut, dass meine Geschwister und ich nur einmal in der Woche baden mussten, dieser Tag war immer der Samstag. Samstag war Badetag! Da gab es keine Diskussionen. Wir wurden ordentlich geschrubbt, und danach durften wir uns in die saubere Stube setzen.

Wir bekamen dann leckere Butterbrote und ein Glas Milch dazu. Und wenn wir großes Glück hatten und die Eltern gut gelaunt waren, durften wir uns sogar einen Film in Schwarzweiß ansehen."

„Oma, kannst du mich jetzt auch schrubben? Und dann kuschele ich mich im Wohnzimmer in die Sofaecke und bekomme dort meine Butterbrote?" Oma Helga lacht und holt den Waschlappen. „Gut, Brote mache ich dir gerne, aber erst einmal wird geschrubbt."

Nach dem Bad machen sie es sich auf dem Sofa gemütlich. Lisa möchte noch unbedingt eine Sendung im Fernsehen ansehen, so wie damals bei Oma Helga, doch schnell wird sie müde und schläft auf Omas Schoß ein.

Helga schaut ihren Mann Heino liebevoll an und sagt: „Das hat sich nicht verändert, die Kinder sind wie eh und je nach dem Baden müde, und wir Erwachsenen haben endlich ein wenig Ruhe."

Gemeinsam sehen sich Helga und Heino eine Wiederholung der Musiksendung „Zum Blauen Bock" an und gönnen sich statt Milch ein Gläschen Wein.

## Pack die Badehose ein!

Wenn es im Sommer sehr heiß ist und das Thermometer auf 30 Grad klettert, sucht Heino im Kleiderschrank nach seiner Badehose. Ein kühles Bad im nahen Badesee ist jetzt genau das Richtige! „Pack die Badehose ein, nimm dein kleines Schwesterlein …", singt er munter vor sich hin.

Helga jammert über die Hitze und wischt sich den Schweiß von der Stirn. „Ich bedauere sehr, dass man mir als Kind nicht das Schwimmen beigebracht hat. Wie gern würde ich dich zum Badesee begleiten!" „Aber Helga, Schwimmen kann man auch in unserem Alter noch lernen!"

„Nee, nee, Heino, in meinem Alter sehe ich leider nicht mehr aus wie eine Badenixe. Auf keinen Fall zeige ich mich im Badeanzug in der Öffentlichkeit."

Betroffen streicht sich Heino über seinen Bauch. Auch er ist nicht mehr ganz schlank, doch davon lässt er sich das Baden im See auf keinen Fall vermiesen! Aber Frauen sind ja wohl ein bisschen eitler …

Heino findet es richtig schade, dass Helga auf das kühle, belebende Nass im Sommer so gänzlich verzichten muss. Die Angelegenheit lässt ihm keine Ruhe, und er grübelt später am Abend darüber nach, wie er Helga helfen könnte. Schließlich kommt ihm eine Idee, und so fährt er am nächsten Tag zum Baumarkt und gibt dort eine Bestellung auf. Helga staunt nicht schlecht, als bald unter Heinos Regie ein großes rundes blaues Planschbecken auf ihrer

Gartenwiese aufgestellt wird. Als alles fertig ist, holt Heino den Gartenschlauch und lässt das Wasser einlaufen. „Bei uns, liebe Helga, geht das Wasser nur bis zur Brust! Na, was sagst du nun?“, fragt er erwartungsvoll.

Helga klatscht vor Freude in die Hände. Überwältigt von diesem tollen unerwarteten Geschenk fällt sie Heino um den Hals. „Ach, Heino, du bist ein Schatz, ich bin ganz hin und weg! Jetzt kann ich endlich auch mal baden, wenn es heiß ist! Was für ein unverschämter Luxus!“, freut sie sich.

„Ja, Helga, wir haben unser ganzes Leben lang gearbeitet, da können wir uns jetzt auch mal was gönnen! Warum sollen wir Alten eigentlich immer so bescheiden sein? Nach 45 Arbeitsjahren ist das Beste für uns gerade gut genug, finde ich!“, antwortet Heino mit Überzeugung. „Komm, lass uns die Badesachen anziehen! Jetzt bringe ich dir das Schwimmen bei!“

# Eine Sommernacht

Eines schönen Sommerabends, als Helga und Heino friedlich vor dem Fernseher sitzen und eine Rate-Sendung gucken, gibt das Fernsehgerät ganz plötzlich seinen Geist auf. Kein Bild, kein Ton, alles Drücken auf der Fernbedienung nützt nichts.

„Der Apparat ist doch erst zehn Jahre alt, der darf doch noch nicht kaputtgehen!“, ruft Heino aufgebracht. „Schade, die Sendung war gerade so spannend“, mault Helga und nimmt enttäuscht ihr Strickzeug in die Hand. „Na, dann werde ich halt eine Runde stricken“, seufzt sie und lässt die Nadeln klappern.

„Gleich morgen früh werde ich die Werkstatt anrufen, heute Abend ist nichts mehr zu machen. Ich nehme mir jetzt mein Kreuzworträtsel vor“, gibt Heino sich geschlagen. Einträchtig sitzt das Ehepaar auf dem Sofa, Helga strickt und Heino rätselt. Draußen wird es langsam dunkel. Bald hat Heino sein Rätsel gelöst und holt sich aus der Küche die Tageszeitung, die er am Morgen nur überflogen hat.

„Helga, weißt du was? In der Zeitung steht, dass der Himmel heute Abend ganz klar sein wird und dass man viele Sternschnuppen sehen kann! Komm, wir setzen uns in den Garten. Ich hole uns die Auflagen für die Gartenstühle aus dem Schuppen!“ „Heino, das ist eine tolle Idee!“, stimmt Helga zu, packt ihr Strickzeug weg und holt eine Flasche Erdbeerwein und zwei Gläser aus der Küche. Dann setzen sich Heino und Helga nach draußen auf ihre Terrasse. Helga schenkt den Erdbeerwein ein und stößt mit Heino an.

Es ist eine laue Sommernacht und bald so dunkel, dass man die Sterne gut sehen kann. „Da ist der große Wagen!“, erklärt Heino. „Und guck mal, da ist eine Sternschnuppe, jetzt darfst du dir was wünschen!“

Helga ist entzückt und antwortet beschwingt: „Ich weiß schon, was ich mir wünsche! Es gefällt mir so gut unter dem funkelnden Sternenhimmel. Ich wünsche mir, dass wir ab heute öfter im Sommer abends draußen sitzen.“

Anschließend gönnen sich die beiden Sternengucker ein Eis als Betthupferl. „Ich glaube, ich muss mich gar nicht beeilen, den Fernseher zur Reparatur zu bringen“, schmunzelt Heino. Helga ist ganz seiner Meinung. „Nein, Heino, damit kannst du dir Zeit lassen, dieses Abendprogramm gefällt mir viel besser!“

## Der Postbote Max

Jeden Morgen gegen 10 Uhr kommt der Postbote bei Helga und Heino vorbei. Fast könnte man die Uhr danach stellen, so pünktlich ist er. Schon seit einer halben Ewigkeit trägt er hier in der Straße die Post aus. Viele Anwohner kennen ihn so gut, dass sie ihn einfach nur bei seinem Vornamen Max nennen.

Postbote Max ist ein überaus gesprächiger Mann. Er ist immer gut gelaunt, und bei jedem Wetter teilt er fröhlich pfeifend die Post aus. Leider ist Max manchmal zu redselig! Im Sommer, wenn Helga im Vorgarten arbeitet, kommt sie meist um einen längeren Plausch nicht herum. Nicht immer mag sie sich unterhalten, und es passiert schon einmal, dass sie schnell ins Haus verschwindet, sobald sie den Postboten um die Ecke kommen sieht.

Heute ist mal wieder so ein Tag. Helga sieht Max kommen, und flink zieht sie ihre Gartenhandschuhe aus, legt sie auf die Treppe und geht schnell ins Haus. Kurz darauf klingelt es an der Tür, und der Postbote überreicht Helga ihre Gartenhandschuhe. „Die hast du wohl draußen vergessen, Helga, bitte schön."

Helga ist genervt, denn jetzt kann sie dem Klatsch und Tratsch nicht mehr ausweichen. Der Postbote bemerkt Helgas schlechte Laune und fängt direkt mit einem Witz an. Schnell ist Helgas Unmut verflogen, und sie freut sich an den lustigen Erzählungen. Fast hat sie ein schlechtes Gewissen, denn so lästig ist Max doch gar nicht.

Eine Woche später wundert sich Helga, dass Max morgens nicht pünktlich erscheint, und macht sich sogar Sorgen. Zwei Stunden über die gewohnte Zeit kommt ein anderer Postbote um die Ecke, und Helga fragt erstaunt: „Wo ist denn heute der Max geblieben, ist er etwa krank?“ „Oh nein, Max hat diese Woche Urlaub.“

„Da bin ich aber beruhigt“, erwidert Helga und will einen Plausch mit Max’ Vertreter beginnen. Doch dieser Postbote ist nicht so redselig wie Max und verabschiedet sich schnell. Helga denkt: „Gut, dass Max kommende Woche wieder die Post verteilt!“ Denn erst jetzt erkennt sie, wie ihr die lustigen Gespräche mit Max am Morgen fehlen. „Man merkt erst, was man an seinen Mitmenschen hat, wenn sie plötzlich nicht da sind“, überlegt sie. Und sie nimmt sich vor, nie wieder ins Haus zu verschwinden, wenn sie den Postboten Max kommen sieht.

# Im Zoo

Enkelin Lisa ist schon ganz aufgeregt, denn heute ist endlich der große Tag. Oma Helga, Opa Heino und Lisa möchten einen Ausflug in den Zoo unternehmen.

Oma Helga hat bereits einen Picknickkorb mit vielen Leckereien vorbereitet und genügend Getränke eingepackt. „Gut, dass die Autofahrt zum Zoo nicht allzu lange dauert“, denkt sich Opa Heino, der wieder einmal Probleme mit dem Rücken hat und lange Autofahrten am liebsten meidet.

Endlich im Zoo angekommen, kann es Lisa nicht erwarten, die vielen Tiere zu sehen. Von allen Seiten sind schon die unterschiedlichsten Tiergeräusche zu hören. Das Brüllen der Löwen ist unverkennbar. Oma Helga besorgt Tierfutter, und so dürfen sie sogar die Elefanten füttern. Das sind die Lieblingstiere von Opa Heino, der sogleich einem Elefanten liebevoll den Rüssel streichelt. Lisa bestaunt die grauen Riesen, traut sich aber nicht, sie zu berühren.

Affen, Esel, Giraffen, Pinguine, Robben – es gibt so viele Tiere im Zoo zu sehen! Nach fast zwei Stunden machen sie eine Rast auf einer Bank und genießen die Köstlichkeiten aus Omas Picknickkorb. Gut gesättigt geht es dann weiter zu den Löwen, und zum Schluss besuchen sie die ältesten Zoobewohner, die Riesenschildkröten. Oma Helga lacht über deren Aussehen und sagt zu Opa: „Die haben schon fast 100 Jahre auf dem Buckel und sind trotzdem rüstiger als wir!“ „Noch bin ich schneller als sie“, lacht Opa Heino. „Und mit Rollator werden sie nie laufen können!“

Nach diesem anstrengenden Tag im Zoo spendiert Heino allen ein Eis, und müde entscheiden sie, nach Hause zu fahren.

Vor dem Auto drückt Lisa ihre Großeltern fest an sich und verkündet: „Mit Oma und Opa in den Zoo gehen, das ist toll!“ Mit großen Augen fügt sie hinzu: „Darf ich mir noch was wünschen?“ „Was denn, mein Kind?“, fragt die Oma gespannt.

„Ich hätte so gerne eine Schildkröte – oder zwei. Wenn ich dann selbst mal 100 Jahre alt bin, sind die Schildkröten noch bei mir. Dann erinnere ich mich immer an unseren schönen Zoobesuch. Gut, dass es Tiere gibt, die älter werden als wir Menschen.“

Zufrieden über den gelungenen Nachmittag und über die Klugheit seiner Enkelin kann Opa Heino sogar ohne Rückenschmerzen die Rückfahrt antreten. Enkelkinder halten einfach fit!

# Heinos Geburtstag

Morgen ist es so weit: Heino wird 74 Jahre alt. Es soll keine große Feier geben, nur die Nachbarn wollen zur Kaffeezeit vorbeikommen. Helga möchte dafür ihren jährlichen „Geburtstagsapfelkuchen“ backen, Heinos Lieblingskuchen. Abends legt Helga schon einmal die Rosinen in Rum ein. Sie sucht ein freies Plätzchen im Kühlschrank; neben einer Schüssel mit schwarzen Oliven in Salzlake ist noch Platz!

Am Geburtstagsmorgen macht Helga sich schon früh ans Werk und holt die Rosinen aus dem Kühlschrank.

„Komisch“, grübelt sie, „ich wusste gar nicht, dass Rosinen so groß werden können, wenn sie in Rum eingelegt sind …“ Sie verteilt die Rosinen und die geschälten und in Scheiben geschnittenen Äpfel über den Teig und schiebt das Kuchenblech in den vorgeheizten Backofen.

Pünktlich um 15 Uhr kommen die Nachbarn zu Besuch. Heino bekommt ein großes Geschenk von den Nachbarn. Er bestaunt die riesige Verpackung. Die Nachbarn lachen und ermutigen ihn, das Geschenk zu öffnen. „Später“, antwortet Heino, „erst einmal möchte ich meinen Geburtstagskuchen essen.“

Helga verteilt den Kuchen und schenkt Kaffee ein. Nachdem die Gäste schon die Hälfte des Kuchens gegessen haben, fragt Hannelore, eine Nachbarin: „Helga, ich weiß ja nicht, der Kuchen schmeckt irgendwie ungewöhnlich … So herzhaft … Ist es jetzt Mode, dass man Oliven in den Apfelkuchen gibt?“

Verdutzt schaut Helga Heino an, der seinen Kuchen genüsslich verzehrt. „Merkwürdig … Jetzt, wo du es sagst … Da sind ja Oliven drin und keine Rosinen!“, sagt er. Helga würde am liebsten im Erdboden versinken. Schnell kommt sie ihrem Fehler auf die Schliche, und ihr fällt ein, dass sie wohl die Schüssel mit den Rosinen und die mit den Oliven vertauscht haben muss!

Heino lässt sich beim Kuchenessen überhaupt nicht stören. Freundlich sagt er: „Ach Helga, ich finde, dein Kuchen schmeckt sehr köstlich. Es muss ja nicht jedes Jahr der gleiche Apfelkuchen sein. Nur gut, dass die Rosinen, äh, Oliven bereits entsteint sind!“ Lachend bedankt er sich bei Helga mit einem Kuss.

Nach dem Kaffee packt Heino das große Geschenk aus. Staunend schaut er auf eine nagelneue Angel. Die hat er sich schon lange gewünscht! Er bedankt sich und fügt lachend hinzu: „Da muss ich aber aufpassen, dass ich im Kühlschrank die Krabben nicht mit den Würmern verwechsele und aus Versehen die Würmer esse!“ Dabei zwinkert er Helga zu, holt für die Geburtstagsrunde eine Flasche Sekt, und alle stoßen auf Heinos Wohl an. Prost!

## Mensch, ärgere dich nicht!

Es ist fast Hochsommer, und eines schönen Nachmittags backt Helga Rhabarberkuchen. Sie schiebt das Blech mit dem Kuchenteig in den Backofen und tritt durch die Hintertür des Hauses in den Garten.

Dort setzt sie sich zu ihrem Mann Heino und der kleinen Enkeltochter Lisa an den Gartentisch. Weil es so heiß ist, hat Heino den großen roten Sonnenschirm aufgestellt. Vor ihnen steht ein Krug mit selbst gemachter Zitronen-Limonade auf dem Tisch. Dank Heinos „neuester Erfindung" können die drei die Hitze gut aushalten. Heino hat nämlich eine alte Zinkwanne unter den Tisch gestellt und mit dem Gartenschlauch kaltes Wasser hineingefüllt. Nun können Helga, Heino und Lisa ihre nackten Füße ins Wasser stellen und sich abkühlen. Sogar Lisa ist es zum Toben zu heiß, und so sitzen die drei einträchtig unter dem Sonnenschirm, schlürfen Limonade und spielen „Mensch ärgere dich nicht!"

„Oma, ich schmeiß dich raus!", ruft Lisa munter und schubst Helgas Spielfigur vom Spielfeld. Helga ist nicht gerade erfreut und zieht eine Schnute. Doch bald kann sie aufholen, sie würfelt eine Vier und schubst Heinos Spielfigur hinaus. Heino ärgert sich gewaltig. Jetzt kommt er so schnell nicht wieder ins Spiel, weil er zuerst eine Sechs würfeln muss! „Mensch, ärgere dich doch nicht!", meint Helga zu Heino. „Das ist doch nur ein Spiel!" Lisa gewinnt die Partie, sie hat als Erste alle Spielfiguren nach Hause gebracht. Sie freut sich, reißt die Arme hoch und schreit: „Juhu, ich hab gewonnen!"

Heino ärgert sich schwarz, dass er so haushoch verloren hat. Über seinem Kopf taucht plötzlich schwarzer Qualm auf. Verwundert starren Lisa und Helga die schwarze Wolke an. „Um Himmels willen!“ Bei Helga fällt schnell der Groschen. Sie begreift, dass der Rauch aus dem Küchenfenster kommt. „Ich habe den Rhabarberkuchen im Backofen vergessen!“

Flugs läuft sie in die Küche, aber der Kuchen ist nicht mehr zu retten. „Mensch, ärgere dich nicht!“, hört sie Heino noch spotten.

„Ja“, ruft ihm Helga aus der Küche zu, „du hast ja Recht. Ich fange gleich heute damit an, mich nicht mehr zu ärgern. Also, Heino, was hältst du davon, Lisa und mich in die Eisdiele einzuladen? Bei einem schönen Eis kann ich meinen Ärger sofort vergessen!“

# Der Schuhmacher

Der Herbst naht, und Helga beginnt, die Sommerkleidung wegzupacken und die wärmeren Sachen im Kleiderschrank griffbereit zu stapeln. Sie sortiert ihre Sommerschuhe gegen ihre Herbstschuhe aus und stellt fest, dass einige davon dringend neue Absätze benötigen. Es ist Zeit für einen Besuch beim Schuhmacher! Sie packt die zu reparierenden Schuhe zusammen und macht sich auf den Weg in die Stadt.

Beim Schuhmacher angekommen, packt Helga ihre Schuhe aus. Gleich bemerkt sie Wilhelms betrübtes Gesicht. Den Schuhmacher Wilhelm kennt Helga schon seit mehr als 50 Jahren.

Helga fragt geradeheraus: „Wilhelm, du schaust heute aus, als wäre dir eine Laus über die Leber gelaufen. Hast du Probleme, oder bist du krank?“ „Nein, nein, krank bin ich nicht, aber ich mache mir große Sorgen. Aus Altersgründen werde ich demnächst meine Schusterwerkstatt aufgeben müssen. Leider finde ich keinen Nachfolger. Ja, ja, die Zeiten haben sich geändert. Die Leute schmeißen ihre billigen Schuhe lieber weg und kaufen neue.“

„Aber Wilhelm, es gibt auch noch Leute wie mich, die regelmäßig zum Schuster gehen. Findest du wirklich keinen Nachfolger?“, fragt Helga. Wilhelm schüttelt traurig den Kopf.

Während Helga und Wilhelm nach Lösungen suchen, geht klingelnd die Ladentür auf. Ein junger Mann kommt herein und schaut sich den Schuhmacherladen interessiert an. Wilhelm fragt: „Junger Mann, kann ich Ihnen behilflich sein?“

„Guten Tag“, erwidert der junge Mann und stellt sich höflich vor. „Ich habe von meinem Nachbarn gehört, dass Sie demnächst Ihre Schuhmacherwerkstatt aufgeben möchten. Ich absolviere gerade meine Meisterausbildung zum Schuhmacher, und Ihr Geschäft würde mich sehr interessieren.“

Überrascht schaut Wilhelm Helga an. Es scheint, ein Wunder ist geschehen! Noch vor fünf Minuten wirkte alles hoffnungslos. Wilhelm ist vor lauter Überraschung ein bisschen durcheinander und antwortet: „Mein Gott, ich glaube, sie schickt der Himmel. Hast du das gehört, Helga? Du bist mein Glücksengel!“ Helga nickt und ist genauso fassungslos.

Die beiden Männer verabreden sich für den nächsten Tag, um die ersten Gespräche zu führen. Und Helga bekommt zu ihrer großen Überraschung die neuen Absätze zum halben Preis. Sie ist glücklich und zufrieden, ein „Glücksengel“ zu sein, und macht sich freudestrahlend auf den Heimweg!

# Helga kocht Marmelade ein

Es ist September, Erntezeit für alle Gartenbesitzer. Im Garten von Helga und Heino ist wieder viel Obst und Gemüse reif geworden und soll schleunigst verarbeitet werden.

Helga möchte heute aus den Brombeeren und Zwetschgen leckere Marmelade zubereiten. Den ganzen Vormittag verbringt Helga mit den Vorbereitungen und freut sich auf die Marmelade. Und wie gut das riecht, wenn sich der Marmeladenduft beim Einkochen im ganzen Haus verteilt!

Es klingelt an der Haustür und Lisa, die Enkelin, kommt vorbei, um zu helfen. Lisa bindet sich zuerst eine Schürze um, genau wie Oma Helga, und die Arbeit kann beginnen. Oma Helga holt große Töpfe, und Lisa darf das bereits gewaschene und vorbereitete Obst hineingeben. Mit Wasser und Zucker werden die Früchte verrührt und eingekocht. Dabei erzählt Oma Helga ihrer Enkelin vom Brombeerenpflücken in ihrer Kindheit.

„Nicht weit von unserem Haus gab es viele Brombeerhecken, und wir durften mit kleinen Körben losziehen, um die Brombeeren zu pflücken. Wir mussten aufpassen, denn die schwarzen Früchte hängen an dornigen kleinen Ästen. Oft habe ich mir Hände und Finger aufgekratzt. Aber das machte mir nichts aus. Wenn der Korb voll war, kehrte ich zufrieden mit meinem Brombeerkorb nach Hause zurück und bekam für das fleißige Sammeln eine Belohnung."

Die Eieruhr klingelt, und endlich ist die Marmelade fertig. Gespannt sieht Lisa zu, wie Oma Helga die eingekochte Masse bis zum Rand in die Gläser einfüllt. Anschließend werden die Deckel daraufgedreht, und Oma Helga stellt die Gläser auf den Kopf.

Lisa fragt neugierig: „Warum drehst du die Gläser um? Das sieht ja lustig aus." Oma Helga lacht und antwortet: „Das ist der Zehn-Minuten-Kopfstand, so nannte es meine Mutter. Zehn bis fünfzehn Minuten müssen die Gläser auf dem Kopf stehen, so bleibt die Marmelade länger haltbar." „Marmelade einkochen macht wirklich Spaß, Oma! Wann darf ich sie denn mal probieren?"

„Morgen Nachmittag, Lisa. Ich lade ich dich und deine Eltern ein, und es gibt leckere Marmeladenbrötchen."

Am Abend ist der Duft der Marmelade schon verflogen, aber die wunderbare Erinnerung an die alten Brombeerhecken begleitet Oma Helga bis in ihre Träume.

# Das Erntedankfest

Es ist mal wieder soweit. Der Herbst steht vor der Tür, und im Oktober soll im Gemeindehaus das Erntedankfest gefeiert werden. Alle Nachbarn in der Umgebung können bei den Vorbereitungen behilflich sein. Auch die Gesangsgruppe von Helga und Heino will sich am Fest beteiligen und an diesem Nachmittag ihre eingeübten Lieder vortragen.

Das Erntedankfest ist ein lang gehegter herbstlicher Brauch und gehört mit zu den ältesten Festen. Nach der Erntezeit danken besonders die Menschen, die von der eingebrachten Ernte abhängig sind, Gott mit dieser Feier.

Das Fest soll zeigen, dass das tägliche Brot nicht so selbstverständlich ist und gerade früher hart erarbeitet werden musste.

Helga ist schon seit Tagen damit beschäftigt, das Gemeindehaus traditionell zu schmücken. Sonnenblumen, verschiedene Brotsorten, Gemüse und Weintrauben werden hübsch auf den Tischen dekoriert. Am Eingang des Gemeindehauses steht eine prächtige, aus Ähren geflochtene Erntekrone. Helga ist sichtlich stolz darauf, denn mit den Bastelarbeiten hat sie zusammen mit anderen Frauen aus der Gemeinde viele Nachmittage zugebracht!

Heino und die Männer aus der Nachbarschaft bauen eine zwei Meter große Strohpuppe, und die findet ihren Platz neben der Erntekrone vor der Tür. Richtig schön ist sie anzusehen, und alle Spaziergänger bestaunen ausgiebig die große Strohpuppe.

Am Sonntag, pünktlich um 16 Uhr, erscheinen die ersten Gäste und freuen sich über die gelungenen Dekorationen und den leckeren Kuchen. Der Pastor hält eine kleine Rede, anschließend können alle Anwesenden Kuchen und Wein genießen – die Geselligkeit will kein Ende nehmen! Zum Abschied singt der Seniorenchor herbstliche Lieder. Bei „Bunt sind schon die Wälder“ und „Hejo, spann den Wagen an“ stimmen die Besucher fröhlich mit ein. Besser kann die Stimmung nicht sein!

Als es langsam dunkel wird, verlassen Helga und Heino zufrieden das Fest. Im nächsten Jahr wird das Erntedankfest in einer anderen Gemeinde stattfinden. Helga und Heino sind froh darüber, denn jedes Jahr ein so großes Fest auszurichten, ist kaum zu bewältigen. Die beiden werden es genießen, sich zur Abwechslung auch einmal einladen und verwöhnen zu lassen – das steht heute schon fest.

# Der Kürbis

Eines sonnigen Oktobermorgens klingelt eine Nachbarin bei Helga und schenkt ihr einen großen gelben Kürbis aus ihrem Garten.

„So einen schönen Kürbis hatten wir noch nie“, sagt Helga zu Heino, der am Küchentisch sitzt und die Zeitung liest. „Daraus kann ich eine leckere Kürbis-Creme-Suppe machen, ein Stück kann ich süßsauer einlegen, und für ein Kürbisbrot bleibt auch noch etwas übrig“, überlegt sie laut.

Sogleich bindet sie sich die Küchenschürze um und macht sich an die Arbeit. Sie räumt die Arbeitsplatte frei und stellt Töpfe, Schüsseln und Messer bereit. Heino steht auf und wuchtet den großen Kürbis auf den Küchentisch. „Auf das Kürbisbrot freue ich mich ganz besonders“, sagt er und leckt sich die Lippen. „Botanisch gesehen soll der Kürbis übrigens eine Beere sein, habe ich auf unserem Gartenkalender gelesen.“

„Der Kürbis soll eine Beere sein? Du willst mich wohl veräppeln“, meint Helga und schüttelt den Kopf. „Kannst du mir bitte beim Zerteilen helfen?“ Das will Heino gern tun und nimmt das größte Messer zur Hand, das die Küche zu bieten hat. Aber dann fällt ihm etwas Besseres ein, als den Kürbis kaputtzumachen. Er schneidet den oberen Teil des gelben Ungetüms ab und beginnt den unteren Teil auszuhöhlen. Das ist eine mühevolle Arbeit. Gegen Mittag hat Heino es endlich geschafft und schneidet nun noch zwei Augen, eine Nase und einen lachenden Mund in die Schale. Jetzt hat der Kürbis ein Gesicht!

Zum Schluss stellt er eine Kerze hinein und setzt das Oberteil wie einen Deckel darauf. „Fertig“, verkündet Heino stolz, wie gefällt dir unsere neue Kürbis-Laterne?“ „Das hast du toll gemacht! Lass uns die Laterne in den Windfang stellen, da kommt sie am besten zur Geltung“, antwortet Helga beeindruckt. Sie war ebenfalls fleißig und hat in der Zwischenzeit schon eine Menge Kürbisfleisch verarbeitet. In der Küche duftet es herrlich nach frischem Brot und Koriander.

„Jetzt habe ich richtig Hunger bekommen“, sagt Heino und reibt sich den Bauch. „Ist denn die Kürbis-Creme-Suppe schon fertig?“

„Oh ja“, antwortet Helga und reicht ihm einen Teller voll köstlicher Suppe. „Lass es dir schmecken, mein Schatz! Und danach gibt es ofenfrisches Kürbisbrot mit Butter und Marmelade.“

## Herbstzeit ist Pilzzeit

Wenn der Herbst kommt und die Natur in die schönsten Farben eintaucht, dann erinnert sich Helga oft an ihre Kindheit. Besonders gerne denkt sie an die Pilzzeit und an die Pilzsuche, die sie mit ihrer Oma, dem Opa und ihrer Schwester Anna unternahm.

Helga setzt sich gemütlich auf die Bank unter der Buche, schließt die Augen und schwelgt in alten Zeiten. Helgas Opa war ein begeisterter Pilzsammler. Belehrend sagte er mit seiner kräftigen Stimme: „Die beste Zeit zum Pilzesuchen ist immer nach einem Regenguss. Wenn danach bald wieder die Sonne scheint, entsteht ein sogenanntes feuchtwarmes Klima, dann schießen die Pilze nur so aus dem Boden.“ Sie mussten eine längere Strecke durch ihr Dorf zurücklegen, um in den Wald zu gelangen. Unterwegs sangen sie gemeinsam „Das Wandern ist des Müllers Lust“, und so erschien ihnen der Weg nicht allzu weit.

Im Wald angekommen, verkündete der Opa gewichtig: „Wir haben den Wald erreicht, jetzt kann die Pilzsuche beginnen!“ Er zeigte ihnen die besten Plätze und gab sein Wissen an die Enkelinnen weiter. „Einige Pilze mögen die Sonne lieber, und andere Pilze wachsen unter den Bäumen, dort, wo es schattiger ist.“ Die Kinder liefen sofort los und begannen mit der Suche. Die Oma bemerkte zwischendurch: „Bei diesem tollen Wetter kann man den Pilzen beim Wachsen zusehen.“

Zum Glück konnte der Opa die genießbaren von den giftigen Pilzen unterscheiden. Sie waren den ganzen Nachmittag fleißig, und am späten Nachmittag waren die Körbe ausreichend mit Pilzen gefüllt. Zu Hause angekommen, fing die Oma sofort mit dem Putzen der Pilze an. Sie erklärte: „Frisch gesammelte Pilze müssen noch am selben Tag verzehrt werden." Schon bald duftete es im ganzen Haus köstlich nach Pilzen, Zwiebeln und Knoblauch.

Helgas Eltern kamen dann abends auch noch vorbei, um die leckeren Pilze zu genießen.

Langsam taucht Helga aus ihren Erinnerungen auf. Sie schaut verträumt die bunten Blätter an und schüttelt sich ein bisschen, um in die Gegenwart zurückzufinden. Es wird Zeit: Enkelin Lisa kommt schon bald, und sie wollen gemeinsam Pilze suchen gehen, so wie Helga es früher mit ihren Großeltern gemacht hat. Und vielleicht wird die kleine Lisa später, wenn sie älter ist, auch an diesen schönen Tag zurückdenken.

## Eine Seefahrt, die ist lustig

Am Sonntag unternehmen Helga und Heino einen Ausflug an den großen Badesee. Es ist bereits Oktober, aber die Temperaturen sind erstaunlich mild. „Du, Heino, lass uns doch heute mal eine Fahrt mit dem Tretboot machen!", schlägt Helga vor. „Das ist eine gute Idee", stimmt Heino zu, „eine Seefahrt, die ist lustig. Das machen wir!"

Bei dem schönen Herbstwetter ist ziemlich viel Betrieb am See. Familien mit Kindern und auch einige Senioren spazieren über die Promenade am Ufer entlang. Am Bootssteg mietet Heino ein weißes Tretboot. Galant hilft er Helga hinein und klettert hinterher. Das Einsteigen ist eine wackelige Angelegenheit, aber sie schaffen es und treten beide kräftig in die Pedale.

„Das ist ja wirklich wie beim Radfahren!", ruft Helga. „Ein Glück, dass wir so gut im Training sind!" Bald sind sie weit hinaus auf den See gefahren. Plötzlich fragt Helga ängstlich: „Wie tief ist das Wasser eigentlich?"

Heino weiß es nicht so genau, aber er möchte seine Frau gerne beruhigen. Er schwindelt deshalb: „Es ist hier nur einen Meter zwanzig tief, uns kann gar nichts passieren!" „Und gibt es hier auch viele Fische?", will Helga noch wissen. „Oh ja, hier kann man gut angeln, es gibt Aale, Karpfen, Zander und Hechte. Übrigens soll es auch einen riesigen, drei bis vier Meter langen Wels geben, der im See sein Unwesen treibt!" Das hätte Heino lieber nicht erzählen sollen. „Das klingt aber gefährlich!", bekommt er von Helga prompt zu hören. „Lass uns doch lieber wieder zurückfahren!", meint sie besorgt und lenkt das Tretboot in Richtung Ufer zurück. „Gleich ist es schon zwölf Uhr, und von der ganzen Treterei habe ich richtig Hunger bekommen. Lass uns im Restaurant ein schönes Fischgericht aussuchen!", schlägt sie Heino vor.

„Einverstanden", sagt Heino erfreut, „ich habe großen Appetit auf Räucheraal mit Bratkartoffeln!" „Dann sind wir uns ja einig", antwortet Helga, „Fisch ist doch mal eine Abwechslung für uns. Und gesund ist er auch!"

„Das stimmt", erwidert Heino. „Vielleicht fahre ich gelegentlich einmal zum Angeln hierher. Dann versuche ich den großen Wels zu fangen, das wäre eine echte Herausforderung!"

„Petri Heil!", antwortet Helga. „Aber was das heutige Mittagessen betrifft, bin ich froh, dass du es nicht erst selbst angeln musst – ich bin nämlich fast am Verhungern."

# Das Kartoffelfest

Oktober ist der Monat der Kartoffel, und wie in jedem Jahr soll im Dorf ein Kartoffelfest stattfinden. Das Fest ist in der ganzen Umgebung bekannt. Die Besucher kommen sogar aus den kleinen umliegenden Städten angereist. Lisa, die Enkelin von Helga und Heino, möchte natürlich auch zum Kartoffelfest mitkommen. Denn nicht nur für die Erwachsenen wird Leckeres geboten, auch für die Kinder gibt es kleine Sensationen. So stellt ein Bauer einen fast zwei Meter hohen Heuhaufen auf, und die Kinder dürfen darauf herumtollen. „Hauptsache, sie holen sich keine Flöhe“, denkt Helga schmunzelnd.

Zur Mittagszeit gehen sie los, und gut gelaunt erreichen sie das Kartoffelfest. Lecker, wie das duftet! Helga und Heino haben sich extra das Mittagessen gespart, und langsam kommt Hunger auf. Überall, wo man hinsieht, gibt es Köstlichkeiten. Es werden Pommes frites, Bratkartoffeln, Kartoffelpuffer, Marmeladen und Liköre angeboten. Und, nicht zu vergessen, die unterschiedlichsten Kartoffelsorten, wie zum Beispiel: Belinda, Linda, Laura und Sieglinde.

Oma Helga, Opa Heino und Lisa entscheiden sich zunächst für Kartoffelpuffer mit Apfelmus. Oh, wie das schmeckt! Am liebsten würden sie noch eine zweite Portion verdrücken, aber es gibt ja noch so viel mehr zu probieren. Helga kauft sich einen feinen Likör für besondere Anlässe, und Lisa spielt währenddessen auf dem Heuhaufen.

Am Nachmittag gibt es eine besondere Überraschung. Ein Landwirt kommt mit einem Pferdegespann vorgefahren. Auf dem Anhänger führt er frisch geerntete Kartoffeln mit. Der Bauer erzählt, dass einige Schüler ihm beim Ernten geholfen haben. So wie früher – da durften sich die Kinder in den Herbstferien, die damals noch „Kartoffelferien“ hießen, bei der Ernte ein kleines Taschengeld dazuverdienen. Helga und Heino sind über diese „Vorführung“ begeistert und kaufen sich ein kleines Netz mit erntefrischen Kartoffeln. Zum Schluss genießen sie noch eine Kartoffelpizza und machen sich dann auf den Heimweg.

Zu Hause ist die kleine Lisa noch völlig aufgedreht und erzählt stolz von ihrem mutigen Sprung vom Heuhaufen. Alle drei sind gut gesättigt und wollen sich nur noch ausruhen. Es war ein schöner Tag, und nach dem langen Marsch wird es Zeit, die Füße hochzulegen.

# Die Fahrt mit der Museums-Eisenbahn

Bei einem Preisausschreiben in der Tageszeitung hat Helga zwei Fahrkarten für eine Fahrt mit der Museums-Eisenbahn gewonnen! Die Museumsbahn ist eine Eisenbahn, wie man sie bis in die 1950er-Jahre kannte. Sie gehört einem Eisenbahnerverein, der in Eigenarbeit die alte Dampflok und vier grüne Personenwagen restauriert hat. Und seit Kurzem besitzt die Museumsbahn sogar einen roten Salonwagen.

Am Samstag können nun auch Helga und Heino mit auf Tour gehen. Als die beiden unternehmungslustigen Senioren auf den Bahnsteig kommen, steht die Museumsbahn schon bereit. Schwarzgrauer Dampf entweicht dem Schornstein der Lok. Helga und Heino klettern aufgeregt in den Personenwagen.

„Oh, hier sind ja nur harte Holzbänke!“, seufzt Helga und lässt sich auf einem Fensterplatz nieder.

„Ja, das hätten wir uns denken können, früher war das Reisen noch nicht so bequem“, gibt Heino zurück und setzt sich neben seine Frau. Langsam füllt sich der Zug mit Menschen, viele Familien mit Kindern und auch einige Senioren sind mit von der Partie.

Bald hört man ein schrilles Pfeifen, und der Zug setzt sich in Gang. Rauchend und schnaufend kommt die Dampflok auf Touren, dicke dunkle Schwaden hüllen den Zug ein, und auch im Inneren des Wagens riecht es nach Rauch. Wälder, Wiesen und Felder ziehen an den Reisenden vorbei. Die Sonne scheint, und es ist ein Herbsttag wie aus dem Bilderbuch.

„Hier wird man aber ganz schön durchgeschüttelt“, beschwert sich Helga bald. „Tja, dabei wir fahren höchstens fünfzig Stundenkilometer“, erwidert Heino. Bei einem Schwatz mit den Mitreisenden erfährt er, dass die Lokomotive 400 Pferdestärken besitzt. Dann fällt Heino etwas ein:

„Ach, Helga, vom Reisen bekommt man Durst, ich habe von zu Hause eine Flasche Johannisbeersaft mitgenommen.“ Vergnügt holt er eine große Flasche mit leuchtend rotem Inhalt aus seinem Rucksack. „Und ein paar Pappbecher habe ich auch. Liebe Mitreisende, ich gebe eine Runde Saft aus! Zum Wohlsein!“

Dann stimmt er fröhlich ein Lied an: „Auf der schwäb’sche Eisenbahne gibt’s gar viele Haltstatione, Schtuegert, Ulm und Biberach, Meckebeure, Durlesbach. Rulla, rulla, rullala, rulla, rulla, rullala …“

# Das Weinfest

Im Spätsommer finden in vielen Städten und Dörfern die alljährlichen Weinfeste statt. Auch Helga, Heino und ihre Freunde aus der Nachbarschaft schauen beim Weinfest auf dem Marktplatz vorbei. Am Abend treffen sie sich gutgelaunt im großen Festzelt.

So viele verschiedene Weine aus den sonnigen Regionen Deutschlands werden da angeboten! Heino und Helga entscheiden sich für ein Glas spritzigen Weißwein und gönnen sich dazu ein Stück frischen Zwiebelkuchen. Als die Kapelle zum Tanz aufspielt und einen Wiener Walzer anklingen lässt, stürmen die Gäste die Tanzfläche.

Auch Heino lässt sich von der Musik anstecken. „An der schönen blauen Donau, das ist doch mein Lieblingsstück!", ruft er erfreut und fordert seine Helga rasch zum Tanz auf. Nach einigen Drehungen geraten sie ziemlich ins Schwitzen und merken, dass sie ganz schön aus der Übung sind. Aber der Wille zählt! Heino versucht, seiner Frau nicht auf die Füße zu treten und sich auf die Tanzschritte zu konzentrieren. Vor Anstrengung gerät er aus der Puste und bekommt einen Drehwurm. Als Helga dies bemerkt, schlägt sie vor, eine Pause einzulegen. Schließlich sind sie zum Vergnügen da!

Erleichtert setzt sich Heino auf die Bank und verschnauft ein wenig. Doch schon für den nächsten Walzer wird Damenwahl angesagt und die alleinstehende Rosemarie bestürmt den armen Heino: „Heino, wagst du auch mit mir ein Tänzchen? Du weißt ja, ich habe das goldene Tanzabzeichen!"

Heino wird vor Verlegenheit ganz rot. Da fällt ihm eine gute Ausrede ein. „Ist nicht gerade der Bürgermeister gekommen? Ich habe gehört, dass er heute ohne seine Frau da ist, die ist doch zur Kur gefahren!“ Der Trick funktioniert: „Im Ernst, der Bürgermeister ist gekommen und hat keine Tanzpartnerin?“, fragt Rosemarie interessiert. Sie lässt Heino links liegen und drängelt sich durch die Menschenmenge zum Eingang.

Helga kann sich das Lachen kaum verbeißen.“Wir lassen uns mit dem Tanzabzeichen noch ein bisschen Zeit“, flüstert sie Heino scherzend ins Ohr. Heino lacht erleichtert: „Ja, lass uns lieber ein bisschen schunkeln!“

## Herbstfest im Seniorenheim

Heute am Nachmittag findet im Seniorenheim ein Herbstfest statt. Aus der regionalen Tageszeitung haben Helga und Heino von dem Fest erfahren und sich mit Freunden aus der Gesangsgruppe dort angemeldet.

Helga und Heino machen sich pünktlich auf den Weg. Ein hübsch gedeckter Tisch ist für die kleine Gruppe reserviert. Helga ist begeistert von der selbst gebastelten Herbstdekoration, da haben sich die Bewohner viel Mühe gegeben. Um 16 Uhr wird eine Musikgruppe auftreten, darauf freuen sich Helga und Heino am meisten. Leider sind um 16 Uhr die Musiker noch nicht angekommen. Die Organisatorinnen sind besorgt. Wo bleiben bloß die Musiker?

„Leider …“, berichtet schließlich eine Angestellte, „leider stecken unsere Musiker im Stau, und sie wissen nicht, wann sie hier im Haus ankommen werden.“ Enttäuschung macht sich breit. „Aber wir lassen uns die gute Laune nicht verderben!“

Helga klopft Heino auf die Schulter und sagt: „Heino, magst du nicht mit deinen Freunden ein paar Lieder vortragen? Als Zwischenlösung, bis die Musiker ankommen.“ Heino betrachtet die Gäste und die Bewohner und deren enttäuschte Gesichter. „Ja, so, wie es aussieht, scheint die Idee gut zu sein. Aber vor so vielen Menschen zu singen, da muss ich meinen ganzen Mut aufbringen …“

Heino überredet seine Freunde, mit ihm zum Mikrofon zu gehen. Gemeinsam bitten sie um gesangliche Unterstützung. Unter großem Applaus beginnen sie zu singen, und sofort stimmen alle froh gelaunt mit ein.

Eine Viertelstunde später betreten endlich die Musiker das Foyer. Sie erzählen aufgeregt von ihrem Stau und bekommen nun erst einmal einen Eierlikör zur Einstimmung. Endlich kann es losgehen! Die Musiker bestehen darauf, dass Heino und seine Freunde weiterhin mitsingen. Auf „Bunt sind schon die Wälder" und „Hejo, spann den Wagen an" folgen noch mehr bekannte Herbstlieder.

Sogar die Presse kommt vorbei und führt nach dem Musizieren ein Interview mit Heino. Der ist sichtlich stolz, und seine Helga schaut aufgeregt zu. Dass alles so gut gelaufen ist, macht sie überglücklich.

Am nächsten Morgen holt Helga sofort die Zeitung aus dem Briefkasten. Es ist ein großes Foto mit Heino, seinen Freunden und den Musikern abgebildet. Helga umarmt Heino lächelnd und sagt: „Heino, jetzt bist du berühmt! Könnte ich bitte ein Autogramm haben?"

# Ein wirklich sauberer Garten

Helgas Schwester Anna ist seit drei Jahren Witwe und muss sich nun ganz allein um ihren Garten kümmern. Früher hat ihr Mann Anton die Gartenarbeit gemacht: Im Frühling hat er die Beete hergerichtet. Im Sommer hat er regelmäßig den Rasen gemäht und am Abend die Blumen gegossen. Im Herbst hat er sorgfältig die Rosen zurückgeschnitten und das Laub zusammengeharkt. Und im Winter hat er mit dem Schneeschieber den Schnee zusammengeschoben.

Nun steht die Witwe Anna allein vor diesen kraftraubenden Arbeiten. Es ist schon Herbst, und die Blätter fallen. Zum Glück stehen keine großen Laubbäume auf oder vor ihrem Grundstück. Aber auch die kleinen Zierbäume und -sträucher werfen nach und nach ihre Blätter ab. Anna müsste jeden Tag Laub fegen. Große Lust hat sie nicht dazu, schließlich hat sie im Haus genug zu tun, und alle Besorgungen muss sie auch selbst erledigen. Also muss sie sich etwas einfallen lassen …

Nach längerem Nachdenken kommt ihr die rettende Idee. „Wo ein Wille ist, ist auch ein Weg“, denkt sie und macht sich sofort an die Arbeit.

Als Annas Schwester Helga eines Nachmittags zu Besuch kommt, ist sie erstaunt, dass Annas Garten so gepflegt ist. Eigentlich hat Helga ihrer Schwester heute bei der Gartenarbeit helfen wollen. Sie hat sogar extra ihre alten Gartenschuhe mitgebracht. Doch nun ist ihre Hilfe gar nicht nötig.

„Bei dir liegt ja kein Blättchen auf dem Boden!“, ruft sie bewundernd. „Wie schaffst du es, deinen Garten so sauber zu halten? In unserem Garten liegt jede Menge Laub herum!“

„Ganz einfach“, antwortet Anna, „ich habe letzte Woche einfach jedes einzelne Blatt von den Sträuchern und Bäumchen gerissen und in die Schubkarre geworfen. Nun können sie nicht mehr herunterfallen, und ich muss nicht jeden Tag Laub harken!“, sagt sie verschmitzt.

Nun ist Helga platt. „Darauf wäre ich nie gekommen! Prima, Anna, wie du dir zu helfen weißt!“ „Ja, ich lasse mich nicht unterkriegen. Der Alltag ist manchmal nicht leicht, so allein. Wie viel Arbeit doch sogar so ein kleiner Garten wie der meine macht! Aber ich kann es schaffen. Und die viele Bewegung an der frischen Luft tut mir gut. Jetzt brauche ich keinen Doktor mehr und keine Pillen!“

# Der Martinstag

„Heute ist der elfte November – Martinstag!“, sagt Helga zu Ehemann Heino, als sie am Nachmittag bei einer Tasse Tee und Keksen in ihrer gemütlichen Stube sitzen. Es ist fünf Uhr, und draußen ist es schon ganz dunkel und ein wenig neblig. Trotzdem späht Helga angestrengt aus dem Fenster. „Bestimmt kommt gleich der Martins-Umzug an unserem Haus vorbei, das will ich nicht verpassen!“

Da sieht sie endlich den Laternenumzug kommen und schnappt sich ihre dicke Jacke. Heino tut es ihr gleich, und dann postieren sich die beiden zum Zuschauen vor ihrer Haustür. Sogar eine Laterne hat Helga in der Hand, die hat sie am Tag zuvor vom Speicher geholt. Heino hilft ihr beim Anzünden, als Zigarrenraucher hat er ja immer Zündhölzer dabei. Stolz tragen die Kinder ihre bunten Laternen vor sich her. Einige Erwachsene begleiten den Zug, ein Trommler gibt den Takt an.

„Laterne, Laterne, Sonne, Mond und Sterne! Brenne auf mein Licht, brenne auf mein Licht! Nur meine liebe Laterne nicht!“, singen die Kinder mit Inbrunst.

Plötzlich geht die Papierlaterne eines kleinen Mädchens in Flammen auf. Der Martinszug kommt ins Stocken, und das kleine Mädchen weint untröstlich vor Schreck und Kummer. Ohne groß zu überlegen, läuft Helga auf die Straße und drückt dem weinenden Mädchen ihre eigene, hell leuchtende Laterne in die Hand.

„So, da hast du eine neue Laterne, nun geh schön weiter, die anderen warten schon alle!“, sagt sie zu dem überraschten Kind, das sich die Tränen aus dem Gesicht wischt und Helga dankbar anlächelt. Zufrieden mit sich selbst zieht sich Helga zum Hauseingang zurück. Die Kinder stimmen nun ein neues Lied an:

„Sankt Martin war ein guter Mann, der uns als Beispiel gelten kann, zeigte, dass Teilen Freude macht in jener dunklen, kalten Nacht, in jener dunklen, kalten Nacht!“

Langsam zieht der Martinszug an Helga und Heino vorbei. Dann kommt der „Heilige Martin“ mit seinem langen Mantel auf einem alten Ackergaul geritten, er bildet das Schlusslicht des Zuges.

„So, Heino, jetzt gehen wir wieder rein ins Warme. Weißt du was? Ich habe einen leckeren Bratapfel für uns vorbereitet. Und dazu trinken wir noch eine schöne Tasse Tee!“ Das lässt sich Heino nicht zweimal sagen! Was für ein besinnlicher Martinstag!

# Der Theaterabend

Wenn im November die Abende länger werden, sind Helga und Heino froh über etwas Abwechslung und Unterhaltung. Heute Abend will die Seniorengruppe mit dem Bus in die Kreisstadt fahren, denn dort wird eine Komödie gegeben.

Voller Vorfreude haben Helga und Heino sich für diesen Anlass schick gemacht, denn so ein Theaterbesuch ist doch etwas Besonderes. Im Theater angekommen, müssen natürlich alle Besucher zunächst ihre Mäntel an der Garderobe abgeben, das dauert ein Weilchen, es ist nämlich sehr voll.

„Gib mal bitte die Eintrittskarten her", sagt Heino zu Helga und will zum Einlass marschieren. „Aber die Karten hast du doch eingesteckt", antwortet Helga erschrocken und blickt Heino fragend an. So, nun ist also das Malheur passiert – die beiden Alten haben ihre Eintrittskarten zu Hause vergessen! „Das kann doch wohl nicht wahr sein", stöhnt Heino. „Was machen wir denn jetzt?"

Inzwischen hat es zum zweiten und auch schon zum dritten Mal gegongt. Das Foyer ist menschenleer, nur Helga und Heino stehen verlegen dort herum. Die Türen zum Saal schließen sich. „Tja, dann müssen wir wohl draußen bleiben", meint Helga traurig und lässt sich in einen Sessel sinken.

„Und ich hatte mich so auf die Komödie gefreut …", murmelt Heino und setzt sich ebenfalls. Das würde ja ein langweiliger Abend werden, hier im Foyer! Plötzlich kommt die Garderobenfrau, bei der sie ihre Mäntel abgegeben haben, durchs Foyer gelaufen. „Warum sitzen Sie hier in der Halle herum? Das Stück hat doch schon angefangen“, fragt sie die beiden Senioren. „Kann ich Ihnen irgendwie helfen?“

„Wir haben unsere Eintrittskarten zu Hause vergessen“, erzählt Heino und findet die Angelegenheit langsam peinlich. „Ach, das kann doch jedem mal passieren!“, sagt die Garderobenfrau mitfühlend. „Kommen Sie einfach mit mir nach oben auf den Rang. Da sind bestimmt noch Plätze frei!“

So klettern Helga und Heino mit der netten Garderobenfrau die Treppe zum Rang hoch. Dort finden sie sofort zwei Plätze nebeneinander und sind einfach glücklich. Flüsternd bedanken sie sich bei der Frau, und Heino drückt ihr fünf Euro Trinkgeld in die Hand.

„Nun wird es doch noch ein wunderbarer Abend werden!“, denkt Helga froh. „Für die meisten Probleme im Leben findet sich eine Lösung!“

# Der Lottogewinn

„Heute hab´ ich sicher Schwein mit diesem schönen Lottoschein“, dichtet Heino zuversichtlich vor sich hin. Es ist Samstagmorgen. Helga, Heino und die Enkeltochter Lisa sitzen gemeinsam am Frühstückstisch. Bedächtig füllt Heino den Lottoschein mit seinen Glückszahlen aus. Vor Konzentration steht ihm der Schweiß auf der Stirn.

„Sieben, vierzehn, fünfundzwanzig,
da wird ja bald die Butter ranzig,
dreißig, vierzig und die acht,
heut wird der Lotto-Pott leer gemacht!“
…, so reimt er weiter.

„Kann ich auch mal spielen und einen Lottoschein ausfüllen?“, bettelt die kleine Enkelin Lisa und klimpert mit den Wimpern.

„Na gut, wenn du unbedingt willst, aber du darfst nur ein Feld ausfüllen, sonst wird mir der Einsatz zu teuer“, antwortet der sparsame Heino. „Lottospielen ist ja eigentlich etwas für Erwachsene!“ Sofort nimmt Lisa einen Kugelschreiber in die Hand und macht sich an die Arbeit. Siegesgewiss kreuzt sie sechs Zahlen auf dem Schein an. Das schafft sie mit ihren fünf Jahren schon. „Du machst das sehr gut!“, bestätigt Heino wohlwollend. „Ich wünsche dir viel Glück!“, fügt er hinzu. Im Stillen denkt er aber: „Wie soll das Kind wohl auf Anhieb die richtigen Zahlen tippen?“

Zufrieden begleitet Lisa ihren Opa Heino zur Lotto-Annahmestelle. Vergnügt geben sie dort ihre Lottoscheine ab und hoffen das Beste. Am Abend darf Lisa bis zur Ziehung der Lottozahlen aufbleiben. Als die Glücksfee die Zahlen durchsagt, hat Lisa sage und schreibe vier Richtige!

Die Freude ist groß, und Lisa kann sich kaum wieder beruhigen. „Du bist ein echtes Glückskind", lacht Opa Heino und klopft Lisa anerkennend auf die zarte Schulter. „Vielleicht solltest du das Geld für deine Aussteuer sparen", schlägt Oma Helga mit Weitblick vor. Aber Lisa ist ja erst fünf Jahre alt und weiß nicht, was Oma Helga mit dem Wort „Aussteuer" meint. Außerdem hat sie eigene Pläne.

„Ich will mir ein Pony kaufen!", verkündet sie freudestrahlend. „Na, für ein Pony wird das Geld vielleicht nicht ganz reichen", gibt Opa Heino zu bedenken.

„Ach so", sagt Lisa, „das ist ja nicht so schlimm. Dann machen wir einfach nächsten Samstag wieder beim Lottospielen mit! Ich bin doch ein Glückskind, Opa, nicht wahr?"

## Oma Helga und Lisa backen Plätzchen

Helga und ihre Enkelin Lisa wollen am Wochenende gemeinsam die ersten Plätzchen backen. Die Adventszeit fängt am Sonntag an. Eigentlich hat Helga das „Talent", alles in der letzten Minute zu erledigen. Aber diesen Stress möchte sie sich dieses Jahr ersparen und rechtzeitig mit dem Backen beginnen.

So kommt Lisa bereits am Samstag zu Besuch. Lisa zeigt Oma Helga ganz aufgeregt die neuen Ausstechformen. „Sieh mal, Oma, ich habe sogar ein kleines Schwein, und hier ist ein Rentier." Oma Helga lächelt und bestaunt die Formen.

Während Lisa mit aller Kraft versucht, den Teig zu kneten, erzählt sie ihrer Oma: „Oma, in der Schule haben wir über die vorweihnachtliche Zeit gesprochen und leider ist mir nicht viel dazu eingefallen." Oma Helga muss nicht lange überlegen. „Die Adventszeit verbinde ich mit den Düften von Zimt, Vanille, Orangen, Kerzen und natürlich nach selbst gebackenen Weihnachtsplätzchen. Früher durfte ich, wenn genügend Plätzchen gebacken waren, auch mal eins kosten, das direkt aus dem Ofen kam. Die meisten Kekse wurden jedoch gut in Keksdosen verpackt. Nur an den Adventssonntagen und zur Weihnachtszeit wurden die Dosen geöffnet."

Oma Helga rollt den fertigen Teig aus, und Lisa fängt sofort mit dem Ausstechen an. Das belegte Blech kann in den Ofen geschoben werden. „Weißt du, ich bin ja so aufgeregt, weil bald Weihnachten ist!", sagt Lisa. „Und einen Tag davor bin ich so aufgeregt, dass ich nicht richtig schlafen kann! Ich bin schon ganz gespannt, was in meinen Päckchen ist!“ „Ja, Lisa, du hast Recht, die Adventszeit ist die Zeit der Erwartungen“, antwortet Oma Helga. Die Kekse sind fertig, und Lisa fängt an, sie zu verzieren.

Schließlich holt Helga die Keksdosen aus dem Schrank, um die Plätzchen einzusortieren. „Aber Oma, hast du nicht etwas vergessen?“ Schon schnappt sich Lisa einen Keks und kaut ihn genüsslich. „Hmm, die sind uns wirklich gut gelungen!“

Oma Helga lacht. Sie genießt die Zeit mit ihrer Enkelin. „Ich freue mich, wenn wir im Advent oft mit der Familie zusammen sind“, sagt sie. „Und ich freue mich auf meine Geschenke“, antwortet Lisa prompt. Augenzwinkernd antwortet Oma Helga: „Da musst du aber noch eine Weile warten, immerhin sind es noch vier Wochen bis Heiligabend.“

„Stimmt, Oma, aber du hast doch gesagt: Die Adventszeit ist die Zeit der Erwartungen!“ Dann fängt sie an zu singen: „In der Weihnachtsbäckerei …“

# Der Nikolaus kommt

Heute ist der sechste Dezember, und alle Kinder warten auf den Nikolaus. „Hast du denn gestern Abend auch deinen Stiefel vor die Tür gestellt?", hat Helga ihre Enkelin Lisa interessiert gefragt.

„Natürlich, Omi, der Nikolaus hat auch was zum Naschen hineingetan, ich bin doch das ganze Jahr brav gewesen", lautete die selbstbewusste Antwort.

Helga muss schmunzeln, wenn sie an dieses Gespräch denkt. „Ach, Heino, ich freue mich schon auf das ‚Nikolauslaufen'. Gleich gehen die Kinder von Haus zu Haus und klingeln an den Türen. Dann sagen sie einen Vers auf und warten auf Süßigkeiten." Vorausschauend hat sie buntes Naschwerk zum Verschenken parat gelegt. „Ach, es ist ja schon drei Uhr, dann wird es bestimmt bald klingeln!", antwortet Heino, der für jeden Spaß zu haben ist.

Dann erinnert sich Heino an einen ganz besonderen Nikolaustag: „Weißt du noch, Helga, wie ich mich als Nikolaus verkleidet habe, als unser Junge klein war?" Wehmütig überlegt Heino, wo wohl sein altes Nikolauskostüm geblieben ist.

„Das Kostüm ist noch auf dem Dachboden, das habe ich dort in den alten Schrank gehängt", hilft ihm Helga auf die Sprünge. „Du, Helga, jetzt kommt mir eine Idee. Ich gehe rauf und ziehe das Kostüm an. Dann warten wir auf die Kinder, die zum Nikolauslaufen kommen und bei uns klingeln. Wir drehen den Spieß heute einfach um: Die Kleinen werden große Augen machen, wenn ihnen der Nikolaus höchstpersönlich die Tür aufmacht!

Und wenn sie um etwas Süßes bitten, dann sollen sie zuerst einen Vers aufsagen." Schwungvoll erhebt sich Heino aus seinem Sessel und marschiert die Treppe hoch auf den Dachboden, um sich als Nikolaus zu verkleiden.

Als Heino im Kostüm die Treppe herunterkommt, klingelt es schon an der Haustür. Rasch setzt sich Heino die rote Mütze auf und rückt den weißen Rauschebart zurecht. Dann reißt er die Tür auf und ruft: „Hereinspaziert in die gute Stube, bist du denn letztes Jahr auch schön brav gewesen?" „Ich weiß nicht …", antwortet verdattert der Postbote, der mit einem Päckchen vor der Tür steht. „Da musst du meine Frau fragen!"

Nun kann sich Helga nicht mehr halten vor Lachen. Sie schenkt dem Postboten eine Tafel Schokolade. „Das wird ja ein lustiger Nachmittag!", denkt sie.

# Die Schlittenfahrt

Helga und Heino haben schon im letzten Jahr zum Weihnachtsfest einen Gutschein für einen Wochenendurlaub im Harz geschenkt bekommen. Jetzt im Dezember wollen sie den Gutschein endlich einlösen, er soll ja nicht verfallen.

Helga liebt es, wenn die Bäume von Schnee und Eis bedeckt sind und wie Diamanten glitzern. Und diese Stille, wenn der Schnee fast jedes Geräusch erstickt und die Landschaft wie in eine weiße Decke gehüllt ist.

Heino hat bereits die Taschen im Auto verstaut, und Helga holt nur noch den Reiseproviant. Immerhin sind sie ein paar Stunden unterwegs, und man kann nie wissen. Die Fahrt kann beginnen! Ohne Probleme erreichen sie den Harz. Helga ruft entzückt: „Jetzt sind wir schon bald da, Heino! Wie weit ist es noch bis zu unserem Hotel?“

„Nur noch 30 Kilometer, aber die können sich hinziehen. Wie du siehst, fängt es kräftig an zu schneien.“ Die Schneeflocken werden immer dicker, und bald kann Heino kaum noch die Straße erkennen. Er muss beim Fahren sehr gut aufpassen.

Endlich im Hotel angekommen, brauchen Helga und Heino unbedingt eine Verschnaufpause. Danach gönnen sie sich im Restaurant ein leckeres Mittagessen. Plötzlich kommt ein Kutscher herein, schaut sich um und kommt ausgerechnet an ihren Tisch. Er will Helga und Heino abholen zu einer Fahrt mit dem Pferdeschlitten durch die schöne Schneelandschaft!

Helga schaut den Mann verdutzt an – und sieht ihren Heino verschwörerisch grinsen. Vor Erstaunen bringt Helga kein Wort mehr heraus. „Ach“, sagt Heino, „dass ich das noch einmal erlebe: Meiner Frau hat es die Sprache verschlagen!“

Gemeinsam mit dem Kutscher besteigen Helga und Heino den Schlitten. Jetzt klärt Heino seine Helga über die Schlittenfahrt auf. „Ich habe diese Schlittenfahrt von zu Hause aus gebucht. Du hast dir doch immer schon eine romantische Fahrt mit dem Pferdeschlitten gewünscht, wie im Märchen!“ Heino gibt der verdutzt dreinblickenden Helga einen Kuss. „Das ist ja eine Überraschung! Die ist dir wirklich gelungen“, antwortet Helga und klopft dem Kutscher auf die Schulter. Die Fahrt kann beginnen!

„Ach, Heino, nun wollen wir das Wochenende so richtig genießen!“, sagt Helga und kuschelt sich eng an Heino. So einen Winter wie im Bilderbuch hat Helga sich immer schon gewünscht. Die schneebedeckten Tannen und Felder – alles sieht so friedlich aus. Dieses schöne Erlebnis wird sie nie vergessen!

# Das Weihnachtsrätsel

Helga rätselt leidenschaftlich gern. Auch das Weihnachts-Kreuzworträtsel in der Sonntags-Zeitung reizt sie sehr. Der Hauptpreis ist ein elektrischer Schneefeger. Das wäre großartig, wenn Heino sich nicht mehr so abquälen müsste beim Schneefegen!

„Das Lösungswort fängt mit dem Wort ‚Weihnacht-' an", sagt sie zu Heino, als sie am zweiten Advent behaglich am Kaffeetisch sitzen. „Weihnachtsmann", schlägt Heino hilfreich vor und schenkt Kaffee nach. „Weihnachtsbraten, Weihnachtskekse, Weihnachtsgeschenke, Weihnachtslieder, Weihnachtsbaum, Weihnachtsgeld …", überlegt er laut.

„Passt alles nicht, das ist ja wie verhext!", beklagt sich seine Frau stirnrunzelnd. „Was hältst du von Weihnachtsbier?", will Heino wissen. „Ach, das hast du jetzt erfunden!", lacht Helga. „Der letzte Buchstabe muss übrigens ein ‚g' sein!", fügt sie hinzu.

„Also, jetzt fällt mir aber leider nichts mehr ein." Heino gibt sich geschlagen. Plötzlich hat Helga eine Erleuchtung. „Ach, ich hab's, es kommt ‚Weihnachtsstimmung' raus", ruft sie und trägt glücklich die Lösung ein.

„Ja, in Weihnachtsstimmung könntest du mich jetzt auch bringen", meint Heino und lächelt gewinnend. „Hast du nicht neulich Weihnachtskekse gebacken? Ich könnte jetzt ein paar Vanillekipferl vertragen. Oder ein paar leckere Lebkuchen. Und hast du eventuell wieder diese leckeren Nussplätzchen fabriziert?" Hoffnungsvoll schaut er Helga an, denn Liebe geht bei ihm durch den Magen.

Helga, die die Kekse am liebsten bis Weihnachten verwahren will, seufzt und steht auf. Sie holt die Keksdose, öffnet sie und stellt sie auf den Tisch. Sofort verbreitet sich in der Stube ein wunderbares Aroma nach Gewürzen, Butter und Honig. „Oh, wie das duftet!", schwärmt Heino und greift herzhaft zu.

„Lass es dir schmecken", sagt Helga und schmunzelt. Hoffnungsvoll fügt sie hinzu: „Gleich morgen früh schicke ich die Postkarte mit unserer Lösung ab. Vielleicht haben wir ja endlich einmal Glück!"

„Ach, Helga, wie viele Postkarten hast du schon abgeschickt, aber gewonnen haben wir noch nie etwas! Ehrlich gesagt ist mir das auch nicht so wichtig. Für mich bist und bleibst du der Hauptgewinn in meinem Leben!", antwortet Heino mit Überzeugung und nimmt sich noch eine Kokosmakrone.

# Die Lichterkette

Am Samstag vor Weihnachten will Helga kurz zum Kaufhaus sausen, um dort rasch noch eine neue Lichterkette für den Tannenbaum zu kaufen. Die alte Lichterkette ist kaputt, also steigt Helga ins Auto und fährt in die Stadt.

Bereits auf dem Parkplatz herrscht großes Gedränge. Alles, was zwei Beine hat, scheint heute die letzten Weihnachtseinkäufe zu erledigen. Drinnen im Kaufhaus dudelt Weihnachtsmusik aus den Lautsprechern, und von der Decke rieselt künstlicher Schnee. Ein rot gekleideter Weihnachtsmann mit einem langen weißen Bart erscheint und wünscht Helga einen „himmlischen Einkauf". Es ist so viel Weihnachtsdekoration zu sehen, dass Helga fast die Augen übergehen. Es gibt Tannenzapfen, Engel, Kerzen, künstliche Weihnachtsbäume und Baumschmuck. Dabei riecht es weihnachtlich nach Glühwein und Spekulatius, und die Verkäuferinnen tragen silbernes Lametta in den Haaren.

Das übergroße Warenangebot überfordert Helga gehörig. „Was wollte ich denn bloß hier kaufen?", überlegt sie. Dann fällt es ihr wieder ein: „Ich will eine Lichterkette kaufen!"

Aber in dem Gedränge kann sie gar nichts finden. Schließlich fährt ihr jemand mit dem Einkaufswagen über den Fuß. „Autsch, das hat wehgetan!", ruft sie empört, aber niemand entschuldigt sich. Jetzt hat Helga die Nase voll vom Einkaufen und möchte sofort nach Hause. Sie ist heilfroh, aus diesem grellen, lauten, hektischen Kaufhaus herauszukommen. Wie konnte sie nur auf die dumme Idee kommen, dort so kurz vor Weihnachten einkaufen zu wollen?

„Wo ist die Lichterkette?“, empfängt Heino sie daheim, als Helga mit leeren Händen zurückkommt.

„Eigentlich …“, rettet Helga sich aus der Verlegenheit, „eigentlich sind Lichterketten überflüssiger Luxus. Damals bei Christi Geburt gab es auch keine Lichterketten im Stall zu Bethlehem!“

„Da gebe ich dir völlig Recht, mein Schatz!“, stimmt Heino zu. „Übrigens habe ich inzwischen den Baum mit echten Kerzen geschmückt. Ich habe nämlich die Wachskerzen im Keller gefunden!“ „Heino, du bist der Beste. Jetzt kann Weihnachten kommen!“, seufzt Helga und genießt ihr ruhiges Heim und den prächtig geschmückten Weihnachtsbaum. Keine zehn Pferde bekämen sie jetzt, so kurz vor Weihnachten, noch einmal in ein Kaufhaus!

# Die Weihnachtsgans

Nicht weit von Helgas und Heinos Haus steht ein hübscher alter, aber gut gepflegter Bauernhof. Regelmäßig kauft Helga dort ihre frischen Eier, Wurst und zu Weihnachten ihre Weihnachtsgans ein. Immer wenn Helga am Bauernhof vorbeikommt, begrüßen sie schnatternd die Gänse, und Helga stimmt es traurig, dass vielleicht eines der hübschen Tiere bald bei ihr im Backofen landen wird.

Drei Tage sind es nur noch bis Weihnachten, und Helga kann sich immer noch nicht mit dem Gedanken anfreunden, eine der Gänse zu kaufen. Aber was sollte sie sonst auf den Tisch bringen?

Wie gewöhnlich gibt es an Heiligabend Kartoffelsalat und Würstchen. Ein einfaches Gericht. Aber zum ersten Weihnachtstag soll schon etwas Besonderes auf dem hübsch gedeckten Tisch serviert werden. Helga sitzt in der Küche und macht sich darüber Gedanken. Heino kommt hinzu und fragt: „Hallo, mein Schatz, über was zerbrichst du dir denn den Kopf?"

Helga antwortet: „Heino, seit Jahren haben wir zum Weihnachtsfest eine Gans im Ofen. Aber in diesem Jahr fällt es mir besonders schwer, eine geschlachtete Gans zu kaufen. Vielleicht wäre es ja genau die, die mich sonst immer so lebhaft schnatternd begrüßte. Ach, Heino, hast du eine Idee, was wir als Festessen anbieten können?" Aber auch Heino hat keine Idee.

In diesem Moment klingelt das Telefon, und Helga nimmt schnell den Anruf entgegen. Es ist ihre Schwiegertochter Claudia. Sie fragt gut gelaunt: „Mutti, möchtet ihr vielleicht am ersten Weihnachtstag zum Mittagessen zu uns kommen? Ich habe eine besondere Menü-Idee, und dazu möchten wir euch einladen."

Helga freut sich über diesen tollen Vorschlag. Warum sollen nicht einmal die Kinder zum Weihnachtsfest kochen?, denkt sie und nimmt die Einladung gerne an.

Voller Freude eilt sie in die Küche, um Heino die neuesten Nachrichten zu erzählen. „Das ist aber wirklich eine gute Idee", sagt Heino und lächelt. „Nun ist es Zeit, dass die Kinder sich auch mal um uns kümmern, und ich bin gespannt, was es bei der jungen Generation am Weihnachtstag zu essen gibt. Lassen wir uns überraschen!" Helga ist überglücklich über die plötzliche Wendung. Und die größte Freude und vielleicht sogar das schönste Weihnachtsgeschenk ist für sie, dass sie keine der liebgewonnenen Gänse auf ihrem Teller vorfinden wird!

# Silvester

Die besinnlichen Weihnachtstage sind vorüber, und schon steht die nächste Feierlichkeit an, die Silvesterfeier. Helga ist nach den anstrengenden Festtagen überhaupt nicht mehr zum Feiern zumute. Schon wie in den Jahren zuvor wollen die Nachbarn und einige Freunde vorbeikommen, und wie in jedem Jahr wird Helga bereits um 22 Uhr so müde sein, dass sie am liebsten ins Bett gehen würde.

Seit Tagen überlegt Helga, was sie gemeinsam mit ihren Gästen am Silvesterabend unternehmen können. Nichts ist schlimmer als Langeweile! Das Essen bereitet ihr keine Sorgen. Die Gäste bringen wieder geräucherten Fisch, Frikadellen und verschiedene Salate mit.

Heino möchte zum Silvesterabend ein paar Böller und Raketen besorgen. Und Helga hat es aufgegeben, ihn davon abzuhalten. „Nun gut", überlegt Helga, „aber im nächsten Jahr soll die Silvesterfeier zur Abwechslung mal bei den Nachbarn stattfinden."

Helga macht es sich in ihrem Lieblingssessel bequem und grübelt dort weiter über die Silvester- und Neujahrsbräuche nach. Während sie ihre Gedanken so schweifen lässt, schlummert sie ein. In ihrem Traum gleitet Helga in eine andere Zeit, weit in die Vergangenheit. In dieser Zeit gab es kein Silvester, so wie man es heute kennt. Es war ein heidnisches Fest und so veranstalteten die Menschen ein großes Spektakel. Jeder machte so viel Lärm und Krach, wie es ihm nur möglich war. Damit sollten die bösen Geister vertrieben werden und so entstand die heutige Tradition, in der

Silvesternacht Feuerwerkskörper und Böller zu zünden. Plötzlich schreckt Helga von einem lauten Gepolter auf.

Noch ganz benommen von ihrem Traum geht sie in die Küche, um dort nachzusehen. Dort steht Heino inmitten von Scherben. Er war gerade dabei, für Silvester die Sektgläser zu polieren, da rutschte ihm ein Glas aus der Hand und zerbrach. Lauter kleine Glassplitter liegen auf dem Fliesenboden.

„Ach, Heino, ist dir was passiert?", fragt Helga besorgt. „Nein, nein, Helga, mir ist nur das Glas beim Polieren weggerutscht." Schnell beseitigen sie die Scherben und dabei erzählt Helga von ihrem Traum.

„Radau haben wir nun schon gehabt. Da wird sich kein böser Geist mehr zeigen", meint Heino. „Und Scherben sollen schließlich Glück bringen. So wird unsere Silvesterfeier bestimmt ein Erfolg." Helga schnappt sich ein Küchenhandtuch, um Heino zu helfen. Es sollen ja noch ein paar heile Gläser für die Gäste übrig bleiben!

# Noch mehr Plaudergeschichten ...

**50 Geschichten – nicht länger als zwei Minuten – laden zum Plaudern und Erzählen ein.**

Im Mittelpunkt der „Plaudergeschichten für ein ganzes Jahr“ steht die Familie von Greta und Karl, ihren Kindern Lukas und Lisa – und natürlich den von beiden geliebten Großeltern.

Woche für Woche erleben sie gemeinsam viele schöne Momente und begleiten den Leser durch ein ganzes Jahr.

Einfach geschrieben und immer fröhlich, wecken die kurzen Geschichten aus dem Alltag Erinnerungen an eigene Erlebnisse und bieten viele Anknüpfungspunkte für Plaudereien.

Annette Röser
**Die Sonne im Herzen**
Plaudergeschichten
für ein ganzes Jahr
€ 14,95
ISBN 978-3-944360-66-9

# ... in zwei weiteren Bänden.

Wirklich kurze
**Geschichten**
Das Geschenk für ältere Menschen

**Diese warmherzigen und humorvollen Geschichten – keine länger als zwei Minuten – laden zum Plaudern und Erzählen ein.**

Die Großeltern Marion und Ludwig stehen im Mittelpunkt der neuen Plaudergeschichten. Ihre Erlebnisse rund um Einkaufen, Kochen und Essen lassen jeden Leser gerne an eigene Erlebnisse denken – und die Zuhörer erst recht, denn auch zum Vorlesen bieten sich die Geschichten bestens an.

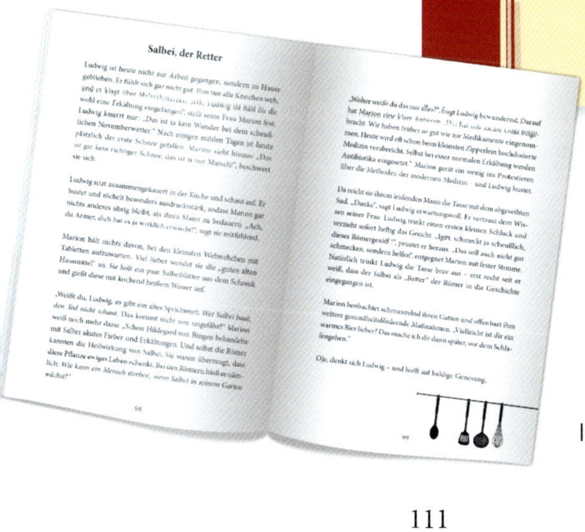


Karin Biela
**Essen ist fertig!**
Plaudergeschichten
rund um Herd & Heim
€ 14,95
ISBN 978-3-944360-67-6